술술 읽히고 착착 정리되는

끄덕끄덕

1
고대 제국의
흥망

세계사

서경석 지음

아카넷주니어

이야기의 구슬을 꿰는 재미를 찾아

구슬이 서 말이라도 꿰어야 보배라는 말이 있습니다. 흩어져 있는 수많은 구슬을 꿰는 실이 얼마나 중요한지 알려 주는 옛 사람들의 지혜이지요. 역사를 보자면 여기저기 흩어져 있는 수많은 사료들이 구슬이고, 이것들을 관통해 이야기를 풀어 가는 역사가의 관점이 실일 것입니다. 책의 출간을 앞둔 지금, 과연 관점을 흐트러뜨리지 않고 끝까지 유지하였는지 걱정이 됩니다.

그런데 정작 제가 말하고 싶은 것은 다른 데 있습니다. 사람들에게 역사는 재미없고 복잡하기만 한 주제라는 것이지요. 사람과 사람이 모여 이룬 사회가 어떻게 변화하였는지 그 비밀을 찾아 떠나는 신비로운 여행을 왜 그렇게 받아들이게 되었는지 안타깝기 짝이 없습니다. 그 까닭은 무엇일까요?

그동안 우리의 역사교육은 눈부시게 발전하였습니다. 사물과 사람, 사회와 역사를 보는 과학적인 관점을 바르게 정립하기 위해 수많은 노력을 기울여 왔지요. 여기에서 중요한 것은 과학입니다. 역사 발전의 법칙을 과학적으로 검증하려는 노력이었겠지만, 이 과정에서 우리는 많은 것을 생략하고 희생해 왔습니다. 이렇게 생략되고 희생된 것이 서 말의 구슬, 즉 수많은 이야기입니다. 그러다 보니 앙상한 실만 남은 셈이지요.

제가 이 책에 담고 싶었던 것은 인류가 걸어온 발자취 속 수많은 이야기였습니다. 그 이야기 속에 담긴 역사적 진실을 밝혀 내어 하나의 실로 꼼꼼하게 꿰려고 노력했습니다. 그중에는 누구나 다 아는 이야기도 있고, 처음 듣는 이야기도 있을 테지요. 모르던 것과 아는 것이 만나면 전혀 새로운 지식을 얻게 될 것입니다.

역사는 이야기이고 문학입니다. 당연히 재미있습니다. 언젠가부터 잃어버린 이야기의 재미를 이 책이 되살려 주었으면 하는 바람입니다.

역사는 과학입니다. 인류가 수백만 년간 살아오면서 쌓아 올린 모든 학문의 집합체입니다. 인간 사회가 부딪힌 수많은 문제에 어떠한 해답을 찾으려고 노력하였고, 그 노력의 성패가 어떤 결과를 낳았는지 미루어 짐작하다 보면 인류가 쌓아 올린 삶의 지혜에 성큼 다가설 것입니다. 어찌 보면 복잡하고 골치 아픈 일로 여겨지겠지만 추론하는 즐거움이 만만치 않을 것입니다.

술술 읽다 보면 어느새 고개를 끄덕이게 되는 책!

이 책에서 수많은 구슬을 발견해 직접 꿰어 보는 즐거움을 누리시기 바랍니다.

2015년 1월 29일 북한산을 바라보며
서경석

차 례

제1부 | 문명의 탄생

1 인류가 모습을 드러내다 · 22

2 계급과 국가, 문명이 탄생하다 · 40

3 세계 4대 문명을 중심으로 도시 국가가 발전하다 · 52

제2부 | 지역을 통일한 제국의 등장

역사를 왜
알아야 하지?

역사 하면 무엇이 떠오르는가. 뭔가 복잡하고 머리 아픈 과목 같다고? 처음부터 끝까지 외울 것만 많은 과목이라고?

그런데 왜 어른들은 역사를 못 가르쳐서 안달일까? 역사를 배우면 어떤 일이 벌어지기에 그러는 걸까?

역사는 무엇일까? 무엇을 배우는 걸까? 왜 배우는 걸까? 이걸 알고 나면 역사를 대하는 눈빛이 달라지지 않을까?

역사는 인간 사회의 발자취를 기록한 것

역사는 'history'를 번역한 말로, 'history'는 역사를 가리키는 그리스어 'historia'에서 유래했다. 이 단어는 원래 '조사하다', '탐구하다'를 뜻하는 동사 'istoria'에서 왔다. 그런데 그리스 역사가인 헤로도토스가 『히스토리아』라는 책을 쓰면서 역사라는 뜻으로 굳어졌다. 100년 뒤에 투키디데스가 쓴 『펠로폰네소스 전쟁사』의 그리스어 원제도 『투키디데스 히스토리아』이다. 두 사람은 그리스 세계의 운명을 좌우한 전쟁들이 그렇게 모양 지어진 까닭에 대해 자신의 관점에 따라 자료를 조사하고 탐구하고 해석했다. 여기서 알 수 있듯이 서양에서 역사는 역사가가 자신의 관점에 따라 역사적 사실을 조사하고 탐구하고 해석하는 것이었다.

동양에서는 역사를 '사(史)'라고 하는데, 이는 '기록' 또는 '기록하는 관리'를 뜻하는 한자어이다. 동양에는 임금을 따라다니며 임금과 신하들이 나랏일을 어떻게 논의해 처리하는가를 기록하는 관리들이 있었다. 더하거나 빼지 않고 있는 그대로 기록했는데, 이들을 사관이라고 한다. 따라서 동양에서 역사는 임금과 신하들이 논의해 처리한 나랏일을 있는 그대로 기록하는 것이었다.

서양의 'history'가 동양의 '사'와 만난 곳은 일본이었다. 일본이 서양에 나라의 문을 연 19세기 말, 일본 학자들은 서양의 'history'를 놓고 어떻게 번역할지 고민했다. 자신들의 전통 학문인 '사'와 비슷하기는 한데, 뭔가 미묘한 차이가 있었다. 있는 그대로 기록하는 사와 달리, history에서는 조사하고 탐구하며 해석하는 역사가의 관점이 중요했다. 그래서 일본 학자들은 history를 사와 전혀 다른 학문이라 보고 '역사(歷史)'라는 말을 새로 고안했다.

역사는 '지날 력(歷)'과 '기록 또는 기록하는 관리 사(史)'가 합쳐진 한자어이다. 결국 역사란 '지나온 발자취를 기록한 것'이다.

누구의 발자취일까? 우주? 지구? 공룡? 고래? 역사는 자연의 발자취를 다루지는 않는다. 이것들을 다루는 학문은 따로 있다. 그게 무엇일까? 힌트. 영화 〈박물관은 살아있다〉의 배경인 미국 스미스소니언박물관이 이것과 관련이 있다. 자연사! 맞다.

그렇다면 역사는 누구의 발자취를 다룰까? 사람이라고? 반은 맞고 반은 틀렸다. 역사는 사람 개개인이 지나온 발자취를 다루지 않는다. 그것은 전기나 평전의 몫이다. 역사는 사람들이 무리 지어 만든 사회의 발자취를 다룬다. 그래서 국립국어원 표준국어대사전에서는 역사를 '인류 사회의 변천과 흥망의 과정. 또는 그 기록'이라고 정의하고 있다.

사실로서의 역사, 기록으로서의 역사

역사에는 두 가지 뜻이 들어 있다.

하나는 '과거에 실제로 일어난 일'이다. 이를 사실로서의 역사라고 할 수 있겠다. 역사가들은 문자로 남아 있는 기록이나 유적, 유물을 통해 과거에 실제로 일어난 일을 끊임없이 되살리고자 한다. 하지만 어떤 역사가도 그렇게 할 순 없다. 왜냐고? 역사가는 당시 그 사건을 일으킨 주인공들이 아니기 때문이다.

다른 하나는 '역사가가 자신의 관점으로 골라낸 자료들을 바탕으로 재구성하고 해석해 낸 글'이다. 기록으로서의 역사, 해석으로서의 역사라고 할 수 있다.

역사 또는 역사 해석은 기존의 자료들을 뒤집어엎거나 보충하는 새로운 자료가 발굴되면 바뀐다. 자료들을 고르고 재구성하고 해석하는 역사가의 관점이 바뀌어도 바뀐다. 역사가 고정되어 있지 않고 늘 변화하는 까닭은 현실의 변화가 역사가의 관점을 바꾸고, 그것이 역사 또는 역사 해석을 바꾸기 때문이다.

예를 들어 보자. 조선 시대에 선조의 뒤를 이어 왕위에 오른 광해군은 현군과 폭군이라는 평가 사이를 줄기차게 오갔다. 그는 임진왜란으로 피폐해진 국토와 백성을 되살리기 위해 구휼에 힘쓰고 대동법을 도입하는 한편, 만주에서 후금이 일어나자 명나라와 후금 사이에서 중립 실리 외교를 폈다.

하지만 임진왜란 때 불탄 궁궐들을 다시 짓고 경희궁을 새로 짓느라 백성들에게 무거운 부담을 지웠다. 또한 계모인 인목 왕후를 가두고 배다른 동생 영창 대군을 죽였다. 이들이 왕권을 위협할까 두려워서이다. 당시 권력에서 밀려난 서인들은 광해군이 이런 패륜을 저지르고, 대국 명나라에 불충했다며 반란을 일으켰다. 인조반정이다. 인조반정 이후 대원군이 집권할 때까지 약 250년 동안 권력을 독차지한 서인들은 광해군에게 폭군이라는 낙인을 찍었다.

하지만 1970~80년대에 우리 역사학이 일제가 덧씌운 식민사학에서 벗어나 새롭게 발전하면서 광해군에 대한 평가가 바뀌기 시작했다. 역사가들은 광해군의 중립 실리 외교 정책과 대동법 실시, 『동의보감』 편찬 등에 주목했다. 그 결과 광해군은 망나니 폭군이라는 이미지 대신 백성을 사랑하고 미래를 예견한 현군으로 다시 해석되었다.

이처럼 역사는 고정불변의 것이 아니며 끊임없이 재해석된다.

왜 역사를 배울까

고정되어 있지 않고 끊임없이 바뀌는 것이 역사라면, 우리는 무엇 때문에 그것을 배워야 할까? 어차피 환경이 변화하면 해석도 바뀔 텐데……. 역사를 공부하는 까닭으로는 크게 세 가지를 들 수 있다.

첫째, 역사는 우리가 어디에서 와서, 어디에 서 있으며, 어디로 가는지 알려 준다. 현재 위치를 정확하게 알려 준다는 점에서는 요즘 많은 기기에 활용되는 GPS(전 지구적 위치 측정 체계)라고도 할 수 있다. 사람은 과거를 배움으로써 현재를 이해하고 미래를 내다보는 지혜를 얻을 수 있다. 과거를 알지 못하면 현재를 알 수 없고, 미래에 대비할 수 없다.

둘째, 역사는 특정한 상황에서 사람들이 어떤 선택을 했는지 알 수 있는 지식과 경험의 보물 창고다. 역사에는 정해진 조건 속에서 가장 좋은 해결책을 얻기 위해 벌인 수많은 이의 몸부림이 담겨 있다. 사람들의 선택에 따라 상황의 전개 방향이 달라지는데, 당시 인물들이 어떤 선택을 했는지를 살펴봄으로써 옳고 그름에 대한 판단 기준을 배울 수 있다. 나아가 그러한 선택들이 어떠한 역사를 전개시켰는지, 그 결과와 영향은 무엇인지, 그것에 담긴 무게는 어떠한지를 알 수 있다.

중국이나 우리나라, 일본 등 동아시아에서는 역사책에 '보감'이니, '통감'이니 하는 이름을 붙인 예가 많았다. 여기에 쓰인 '감'이 '거울 감(鑑)' 자이다. 역사를 '과거를 비추는 거울'로 보았다는 뜻이다. 거울을 보고 몸가짐을 바로 하듯 임금과 신하들은 역사를 돌아보면서 사람들의 잘잘못을 따지고, 문제 해결 방법을 찾았다. 그 속에서 옳고 그름을 배우는 한편, 역사적 교훈을 이끌어 내려 했다.

셋째, 역사는 우리가 누구인지, 어디에 속해 있는지 알려 준다. 한마디로 '자기 정체성'을 깨닫게 해 준다는 이야기이다. 개인의 자기 정체성이 흔들리면 혼돈과 방황에 빠지듯 민족의 자기 정체성이 흔들리면 쇠퇴와 멸망이 기다린다. 대한민국 임시정부 제2대 대통령을 지낸 민족주의 역사학자 박은식 선생은 사람에게 혼과 백이 있듯이 나라에도 혼과 백이 있다고 보았다. 나라의 혼은 말과 역사처럼 정신적인 힘을, 나라의 백은 경제력이나 군사력처럼 물질적인 힘을 가리킨다고 이야기했다.

만주와 중앙아시아 일대의 북방 민족을 예로 들 수 있다. 흉노·선비·거란은 나라의 백이 강해 한때 드넓은 영토를 자랑하며 기세를 드높였지만, 국력이 쇠약해지면서 흔적도 없이 사라졌다. 반면에 중국과 돌궐(튀르크)은 나라의 혼이 강했기에 여러 차례 강대국의 침략과 지배를 받았어도 금방 다시 살아나 위세를 만방에 떨쳤다.

역사를 잊어버린 민족은 자기가 누구인지 알 수 없고, 따라서 스스로를 지켜나갈 수 없다. 하지만 역사를 잊지 않고 지킨 민족은 언젠가는 나라를 되찾아 더욱 발전할 수 있다. 이것이야말로 박은식 선생이 역사 연구와 편찬에 힘을 쏟은 이유이다.

세계인의 세계사

그렇다면 세계사는 무엇일까? 세계사는 세계의 역사이다. 국립국어원 표준국어대사전에서는 세계를 '지구상의 모든 나라 또는 인류 사회 전체'라고 설명한다. 그러므로 세계사란 결국 인류 전체의 역사인 셈이다.

인류 사회가 근대로 접어들기 이전에는 사람들이 지역별로 저마다 고유의 문화와 역사를 발전시켰다. 유럽이나 아프리카, 서남아시아, 남아시아, 동남아시아, 동아시아, 아메리카, 오세아니아 등 지역마다 사람들의 삶이 확연히 달랐다. 알렉산드로스 대왕의 동방 원정이나 탈라스 전투, 십자군 전쟁, 몽골 제국의 건설 등으로 이들 지역 간에 문물 교류가 이루어지기도 했지만, 그 영향은 그리 크지 않았다.

하지만 15세기 말부터 시작된 대항해 시대 이후, 세계는 점차 하나로 묶여 갔다. 특히 군사력과 과학 기술에서 우위를 보인 유럽 여러 나라가 아메리카 대륙과 아프리카, 아시아로 세력을 확장해 나갔다. 이윽고 산업 혁명이 일어나고 근대 국민 국가 형성에 성공한 19세기 이후에는 이들 지역을 식민지로 삼아 더욱 뻗어 나갔다. 교통과 통신이 발달하면서 세계는 더욱 가까워졌고, 지구촌은 하나로 묶이게 되었다. 근대 이후에 이르러서야 세계사는 이름 그대로 세계의 역사가 되었다.

그동안 세계사는 한편으로는 아메리카·아프리카·아시아를 식민지로 삼은 유럽을, 다른 한편으로는 아시아에 강한 영향력을 발휘하던 중국을 중심으로 하여 기술되었다. 하지만 이는 강자의 편에 서서 약자를 무시하는 그릇된 태도라 할 것이다. 다른 문화권에 대한 무시와 차별을 낳았고, 마침내는 개입과 침략으로 이어졌기 때문이다.

역사를 다룰 때, 지역별로 다르게 발전시켜 온 문화를 존중해야만 평화롭게 공존하고 발전하는 세계가 될 수 있다. 중심과 주변이라는 구분 없이 아시아든 아프리카든 아메리카든 각각이 발전시켜 온 역사와 문화를 온전하게 담으려는 노력이 필요하다.

이들 지역의 사람들도 주인공이 되는 역사, 이 책에서 이야기하고자 하는 것이 바로 그러한 세계사이다.

제1부
문명의 탄생

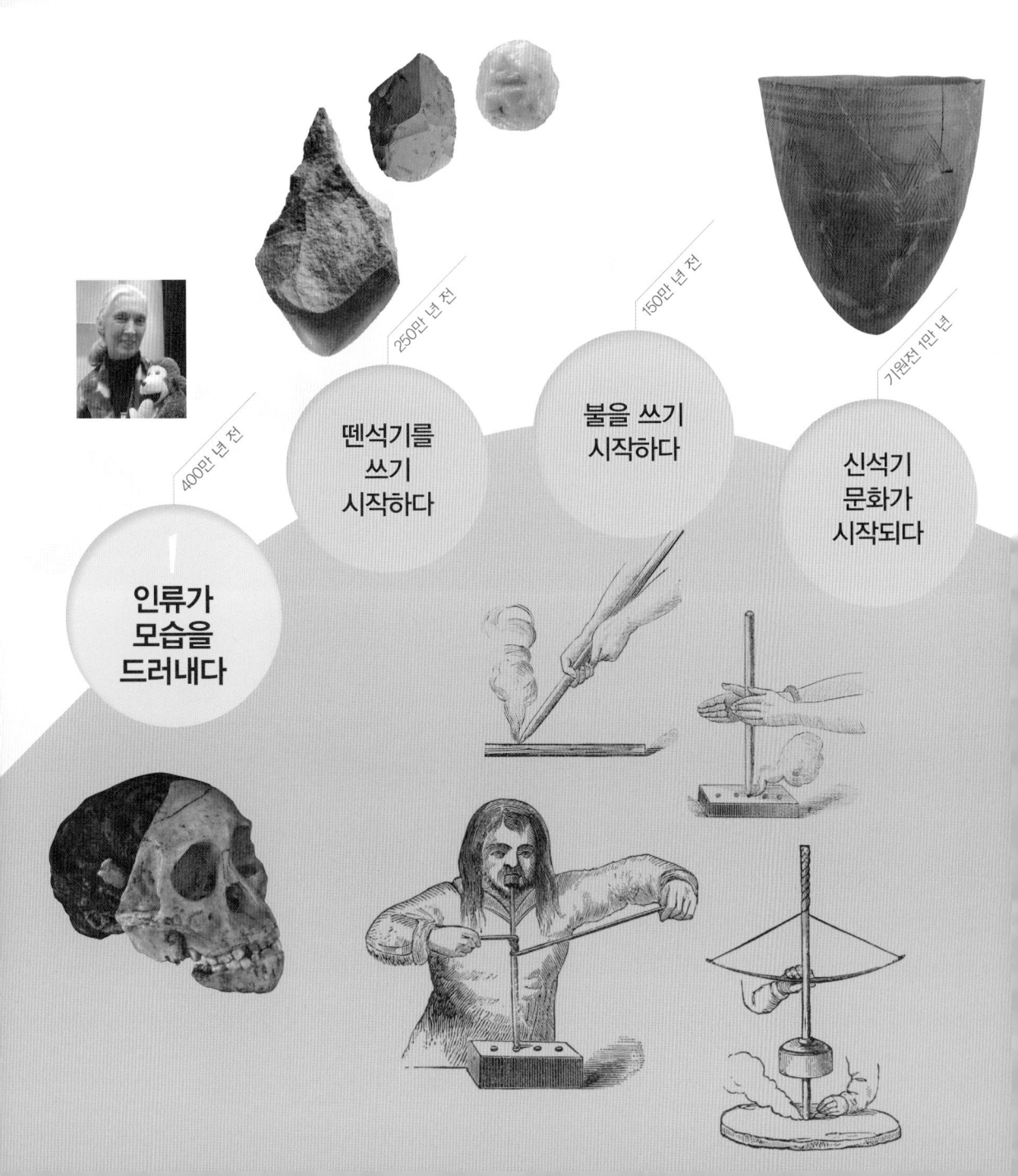

400만 년 전

250만 년 전

150만 년 전

기원전 1만 년

인류가 모습을 드러내다

뗀석기를 쓰기 시작하다

불을 쓰기 시작하다

신석기 문화가 시작되다

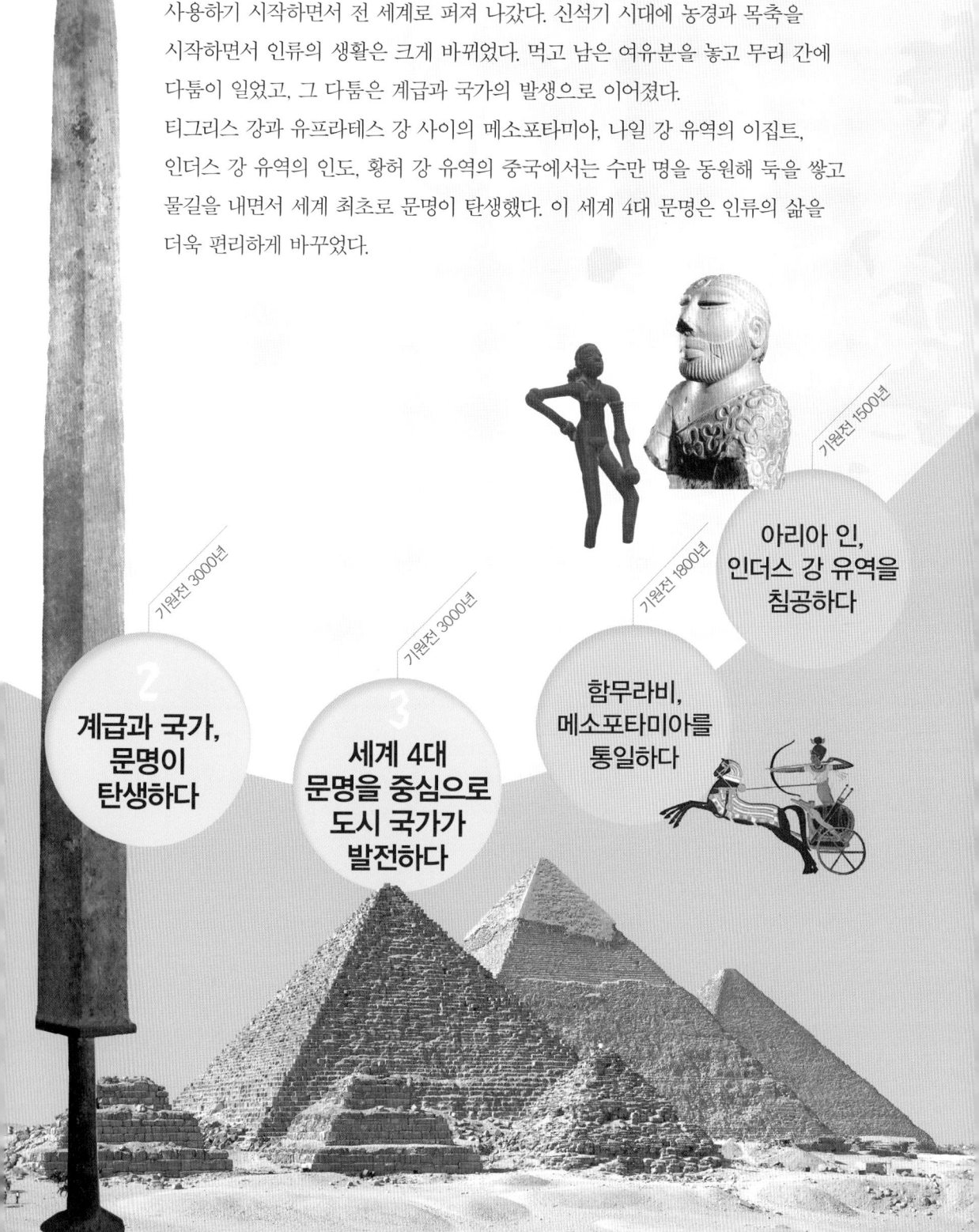

인류는 약 400만 년 전에 아프리카에서 처음 모습을 드러냈다. 약 200만 년 전에 인류는 아프리카를 벗어났고, 약 150만 년 전에 불을 사용하기 시작하면서 전 세계로 퍼져 나갔다. 신석기 시대에 농경과 목축을 시작하면서 인류의 생활은 크게 바뀌었다. 먹고 남은 여유분을 놓고 무리 간에 다툼이 일었고, 그 다툼은 계급과 국가의 발생으로 이어졌다.

티그리스 강과 유프라테스 강 사이의 메소포타미아, 나일 강 유역의 이집트, 인더스 강 유역의 인도, 황허 강 유역의 중국에서는 수만 명을 동원해 둑을 쌓고 물길을 내면서 세계 최초로 문명이 탄생했다. 이 세계 4대 문명은 인류의 삶을 더욱 편리하게 바꾸었다.

기원전 3000년

2

계급과 국가, 문명이 탄생하다

기원전 3000년

3

세계 4대 문명을 중심으로 도시 국가가 발전하다

기원전 1800년

함무라비, 메소포타미아를 통일하다

기원전 1500년

아리아 인, 인더스 강 유역을 침공하다

인류가 모습을 드러내다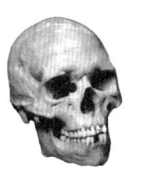

약 400만 년 전에 처음 모습을 드러낸 인류는 생태계의 최강자이자 지구의 지배자로 자리 잡았다. 인류는 두 발로 서서 걸어 다니면서 자유로워진 양손으로 도구를 만들었는데, 최초의 도구는 돌을 깨뜨려 날을 세운 뗀석기였다. 기원전 1만 년부터 인류는 농사를 짓고 짐승을 길들였다.

최초의 여성 루시?

1974년 11월 30일, 아프리카 동부에 있는 에티오피아 하다르 지방의 아파르 계곡. 미국의 인류학자 도널드 요한슨은 라디오를 크게 틀어 놓고 일행과 함께 발굴 작업에 몰두하고 있었다. 갑자기 누군가가 큰 소리로 외쳤다.

"나왔다, 나왔어!"

소리를 듣고 모여든 일행은 조심조심 주변을 수습해 수십 개의 뼛조각 화석을 발굴했다. 옛 인류의 화석이 이렇게 온전하게 나온 것은 처음 있는 일이었다.

뼛조각 화석들을 짜 맞춰 보니 인체 골격의 절반 정도가 되었다. 조사 결과 이 화석의 주인은 350만 년 전에 살았던 인류의 조상으로, 키 90센티미터 안팎의 20대 여성이었다.

요한슨 일행은 이 여성에게 루시라는 이름을 붙였다. 발굴 순간에 라디오에서 영국 록 그룹 비틀스의 〈루시 인 더 스카이 위드 다이아몬드〉가 흘러나왔기 때문이다.

전 세계 언론은 인류 최초의 여성을 발굴했다며 떠들썩하게 보도하기 시작했다. 이렇게 루시는 최초의 인류, 최초의 여성으로 주목받았다.

하지만 그 명성은 20년도 못 가 빛이 바래고 말았다. 티모시 화이트가 1992~1993년에 440만 년 전의 인류 화석을 발굴했기 때문이다. 화이트는 루시를 발굴했던 일행 중 한 명으로, 이번에 발굴한 화석은 루시보다 무려 100만 년이나 앞서 있었다. 요한슨과

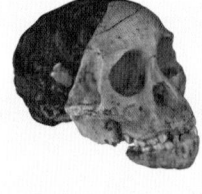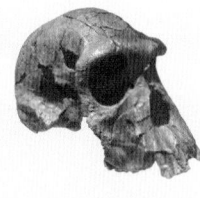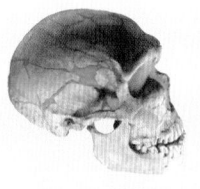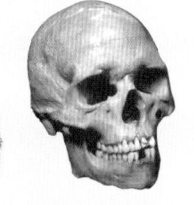

화이트가 발굴한 화석들이 바로 최초의 인류인 오스트랄로피테쿠스이다.

인간이 생태계의 최강자가 된 까닭

요한슨이 루시를 발굴하기 15년 전인 1959년, 아프리카 케냐의 인류학자인 루이스 리키와 아내 메리 리키는 케냐의 올두바이 협곡에서 150만~200만 년 전의 호모 하빌리스를 발굴했다. 리키 부부는 호모 하빌리스를 오스트랄로피테쿠스에서 호모 에렉투스로 진화하는 연결고리라고 보았다.

루이스 리키는 화석 인류를 발굴할수록 옛 인류가 어떻게 살았는지 궁금해졌다. 옛 인류는 지금 인류보다 키나 몸집이 훨씬 작았다. 그렇다면 그들은 자신을 노리는 맹수들을 피해 다니며 맹수들이 먹다 버린 동물의 사체나 나무 열매, 풀뿌리, 곡식 낟알 따위나 먹는 생태계의 중간 소비자였을까?

불행하게도 옛 인류는 모두 멸종해 사라지고 없으니 당시 사정을 자세하게 알 수가 없었다.

'어떻게 하면 옛 인류의 생태나 습성을 알 수 있을까?'

옛 인류의 두개골 화석
왼쪽부터 오스트랄로피테쿠스(남쪽의 원숭이), 호모 하빌리스(손 쓴 사람), 호모 에렉투스(곧선사람), 네안데르탈 인(호모 사피엔스, 슬기사람), 크로마뇽 인(호모 사피엔스사피엔스, 슬기슬기사람)이다. 오늘날 고고 인류학계에서는 인류가 오스트랄로피테쿠스(약 400만 년 전) → 호모 하빌리스(약 250만 년 전) → 호모 에렉투스(약 180만 년 전) → 호모 사피엔스(약 20만 년 전) → 호모 사피엔스사피엔스(약 5만 년 전)로 진화하였다고 보고 있다. 이들 중 처음 셋은 아프리카에서 나타났다. 그 뒤 인류는 약 200만 년 전에 아프리카를 넘어 아시아, 유럽, 아메리카 등 전 세계로 퍼져 나갔다.

루이스 리키는 고민을 거듭하다 옛 인류와 가장 가까운 유인원들의 생태나 습성을 연구함으로써 미루어 짐작할 수 있지 않을까 생각했다. 하지만 자신이 직접 나서기에는 하고 있는 일이 너무 많았으므로 제자들로 하여금 연구에 나서도록 설득했다.

루이스 리키
올두바이 협곡에서 발굴한
인류 화석을 검토하고 있다.

루이스 리키의 제자 중 가장 유명한 이가 동물행동학자로 이름난 제인 구달이다. 제인 구달은 스승의 조언을 받아들여 1960년부터 연구에 몰두했다. 유인원 중에서도 침팬지를 연구 대상으로 정하고, 무리를 관찰하기 시작했다. 그녀가 침팬지에 대한 그동안의 상식이 잘못되었음을 깨닫는 데는 그리 오랜 시간이 걸리지 않았다.

그녀는 침팬지가 사는 곳에는 사자나 표범, 하이에나 같은 맹수류가 접근하지 않는다는 사실을 발견했다. 침팬지들이 그리 강해 보이지도 않는데 왜 그러는 걸까 하는 궁금증이 생겼다.

어느 날, 구달은 침팬지들이 무엇인가 고기를 나누어 먹고 있는 것을 보았다. 자세히 살펴보니 개코원숭이(비비)였다. 침팬지들은 잡식성이라 단백질을 보충하려고 짐승을 잡아먹는다. 그런데 곤충이나 작은 새, 개구리, 새알 따위가 아니라 아예 개코원숭이를 사냥한 것이다.

개코원숭이는 150~300마리가 무리를 이루어 살아간다. 날카로운 이빨과 억센 팔뚝도 위력적이지만, 이들의 진정한 전투력은 무리 생활을 한다는 데서 나온다. 그래서 개코원숭이 무리가 사는 곳에는 어지간한 맹수들도 접근하지 못한다. 그런 개코원숭이들조차 침팬지들에게는 꼼짝 못 하는 것이다.

10여 년 뒤 제인 구달은 끔찍한 모습을 지켜보고 절망에 빠지기도 했다. 무슨 이유에서인지 침팬지 무리가 둘로 나뉘었고, 그들 간에 죽고 죽이는 전투가 계속되었다. 매복에 기습, 포위는 물론 게릴라전까지 인간 세상에서 벌어지는 모든 일이 침팬지 무리 안에서 일어났다. 침팬지의 생태와 습성을 연구해 옛 인류의 생태와 습성을 알아내려 했던 리키의 의도는 적중했다.

사실 침팬지는 두 손으로 500킬로그램 정도의 물체를 들 만큼 힘이 세다. 거기에다 두뇌까지 좋아 몰래 숨어 기습하거나 덫을 놓기까지 한다. 무리 생활을 하며 함께 사냥에 나서서 종종 포위 공격을 하기도 한다. 심지어 돌이나 나뭇가지를 도구로 써서 사냥하는 경우도 있었다. 침팬지에게는 천적이 없다. 생태계의 최종 소비자이자 최강자이다.

그렇다면 최초의 인류인 오스트랄로피테쿠스(남쪽의 원숭이)가 생태계에서 차지하는 지위는 어땠을까?

한때는 오스트랄로피테쿠스가 맹수들의 습격을 피해 도망만 다니던 약자로 나무 열매나 동물의 사체를 먹고 살았다는 주장이 주류를 이루었다. 하지만 동물행동학자들의 연구를 통해 이들이야말로 천적이 없는 강자였다는 주장이 점점 설득력을 높여 가고 있다.

오스트랄로피테쿠스는 땅에 떨어진 나뭇가지나 돌멩이를 써서 맹수의 습격에 대항하고 짐승을 사냥했다. 돌멩이와 몽둥이가 인간이 처음 쓴 도구인 셈이다.

인간은 코끼리나 코뿔소처럼 덩치가 크지도, 사자나 호랑이처럼 빠르고 힘이 세지도 않다. 하지만 이들을 모두 제치고 먹이사슬의

제인 구달
침팬지의 습성과 행동 방식을 연구해 동물행동학의 새 지평을 열었다.

침팬지들은 몇 년에 한 번씩 무리를 이끄는 우두머리를 뽑는다. 그런데 힘이 세거나 나이가 많은 침팬지가 아니라 형제자매나 친구가 많은 침팬지가 뽑혔다.
다른 침팬지들과 소통을 잘하는 것이 우두머리의 자격이었던 것이다. 그야말로 '정치적 동물'이라 하겠다.

맨 꼭대기에 우뚝 섰다. 생태계의 최강자이자 지구의 지배자가 된 것이다. 어떻게 해서 그럴 수 있었을까?

인간은 다른 동물과 달리 두 발로 서서 걷도록 진화했다. 그러면서 양손이 자유로워졌고, 손으로 도구를 만들어 쓰면서 두뇌가 발달하게 되었다. 두뇌가 발달하면서 생각하고 말할 수 있게 되었고, 살아오면서 얻은 지혜를 후손에게 전할 수 있게 되었다.

바로 이러한 점들이 다른 동물과 사람을 구별하는 가장 커다란 차이점이다.

모든 것은 돌멩이와 몽둥이로 시작되었다

오스트랄로피테쿠스에 뒤이어 등장한 호모 하빌리스(손 쓴 사람)는 돌멩이와 나뭇가지를 바위에 부딪쳐 날카롭게 하거나 뾰족한 날을 만들었다. 이러한 도구들은 맹수의 습격에 맞서거나 짐승을 사냥하는 데 무척 유용했다.

유인원의 특징 가운데 하나는 엄지손가락으로 다른 네 손가락을 맞닿을 수 있다는 것이다. 지구상의 모든 생물 가운데 이런 능력을 갖추고 있는 것은 인간과 유인원뿐이다. 그 덕에 인간, 아니 유인원은 물건을 정교하게 가공할 수 있다.

호모 하빌리스에서 더욱 진화한 호모 에렉투스(곧선사람)는 날카로운 날을 만들었다. 날카로운 날을 쓰면 맹수의 몸에 깊은 상처를 낼 수 있는 데다 가죽도 쉽게 벗길 수 있고, 고깃덩어리도 수월하게 자를 수 있었다.

여러 가지 뗀석기

왼쪽부터 주먹도끼, 긁개, 찍개,
밀개, 찌르개이다.
주먹도끼는 짐승을 사냥하고
가죽을 벗기며 고깃덩어리를
자르고, 나뭇가지를 자르고
뿌리를 캐내는 데 쓴 만능
도구이다. 긁개는 짐승의
가죽을 벗겨 손질하는 데 썼다.
찍개는 나뭇가지를 자르거나
사냥할 때 썼다.
밀개는 나무껍질을 벗기는 데
썼다. 찌르개는 자루를 달아
찌르는 무기로 썼다.

이들은 날카로운 날을 어떻게 얻었을까? 돌로 돌을 내리쳐 깨뜨리는 방법을 썼다. 이렇게 돌을 내리쳐 깨뜨린 것을 뗀석기라고 하며, 뗀석기를 사용하던 시대를 구석기 시대라고 한다.

오랜 시간이 흐르면서 인간의 솜씨는 더욱 발달했다. 돌조각을 조금씩 떼어 내 칼이나 창처럼 둥글게 휘어진 날을 세울 수 있게 된 것이다. 바야흐로 인간은 쓰임새에 맞춰 각종 도구를 만들어 쓰게 되었다.

가장 강력한 무기, 불

인간이 불이라는 강력한 도구를 손에 넣은 것은 약 150만 년 전의 일이다. 어떻게 불을 얻었을까?

처음에는 산불이 났을 때 우연히 불씨를 얻었을 것이고, 이를 꺼뜨리지 않으려 애썼을 것이다. 그러다가 바짝 마른 나뭇가지들이 서로 부딪히면 불이 난다는 것을 누군가가 깨달았다. 인간은 궁리에 궁리를 거듭한 끝에 직접 불을 만드는 방법을 찾아냈다. 나뭇가지에 단단한 돌로 홈을 내고, 그 홈에다 다른 나뭇가지를 끼워 빠르게 돌려 불을 만들었다.

인간의 생활 방식은 불을 이용하면서 크게 달라졌다.

불은 추위로부터 인간을 지켜 주었다. 불 덕분에 인류는 추운 지방에서도 살 수 있게 되었다. 인류가 전 세계로 퍼져 나갈 수 있었던 것은 불이 있었기 때문이다.

불은 밤을 환히 밝혀 주었다. 이제 인간은 불을 이용해 캄캄한 밤에도 일을 할 수 있었다.

영양 상태에도 큰 변화가 생겼다. 고기나 열매, 뿌리, 씨앗을 구우면 먹기도 좋고 맛도 좋았다. 소화가 잘 되어 적게 먹어도 괜찮았다. 불 덕분에 조리 혁명까지 이룬 것이다.

더욱이 불을 무서워하는 동물의 습성을 이용해 맹수들의 습격을 쉽게 막아 낼 수 있었다. 그뿐만이 아니다. 동물을 위협해 낭떠러지로 몰아 떨어뜨릴 수도 있었다. 더 쉽고 안전한 사냥법이 개발된 것이다.

불 피우는 법
나뭇가지에 단단한 돌로 홈을 내고 다른 나뭇가지로 마찰시키거나 손으로 또는 활을 써서 빠르게 돌리거나 바퀴의 관성을 이용해 돌려 불을 피운다.

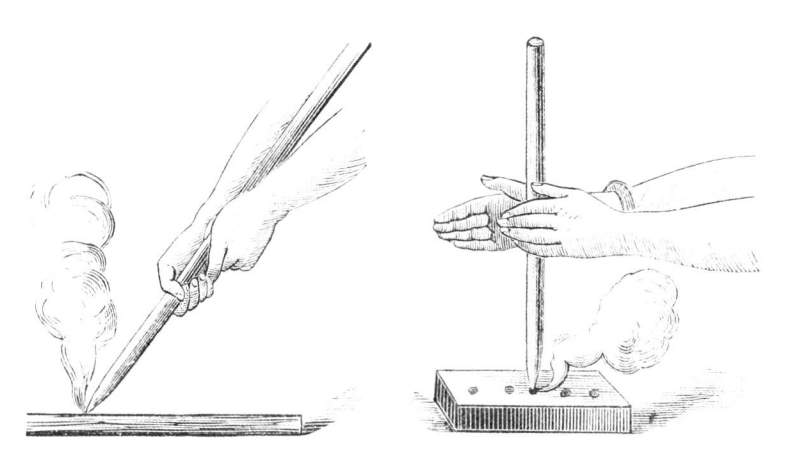

구석기 시대 사람들은 어떻게 살았을까

인간은 다른 유인원과 마찬가지로 먹을거리를 가리지 않는 잡식성 포유류이다. 구석기 시대 사람들은 짐승을 사냥하고(수렵), 물고기를 잡고(어로), 식물의 뿌리나 열매·낟알·이파리 따위를 채취하여(채집) 먹었다. 초기 인류가 먹을거리를 찾아 온종일 헤맸을 것으로 생각하는 사람이 많다. 하지만 먹을거리를 구하기 위해 서너 시간쯤 일한 뒤 나머지 시간은 쉬거나 놀면서 지냈다.

또, 무리를 지어 산다는 점도 유인원의 특성이다. 구석기 시대 때도 사람들은 무리 지어 살았다. 무리의 우두머리는 남성이지만 핏줄은 어머니로 이어지는 모계 사회로, 아직 가족은 나타나지 않았다.

구석기 시대에는 먹을거리가 다 떨어지면 먹을거리가 풍부한 다른 곳으로 이동해야 했다. 그래서 집을 짓지 않고 산속의 동굴이나 바위와 바위가 맞물린 곳에서 살았다. 이들이 집을 짓지 않은 것은 집 지을 기술이 모자랐기 때문이기도 하다.

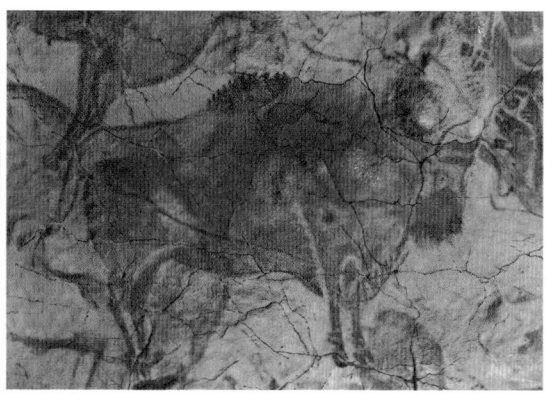

알타미라 동굴 벽화
왼쪽은 천장에 벽화를 그리는 모형. 오른쪽은 알타미라 동굴에 그려진 들소 그림이다. 구석기 사람들은 동굴 벽에 들소나 멧돼지, 사슴과 같은 사냥감을 그리고 색깔을 칠했는데, 짐승들의 움직임이 놀라울 만큼 사실적이고 역동적이다. 구석기 사람들이 왜 컴컴한 동굴 속 깊은 곳에 이런 그림을 그렸는지 그 까닭은 알 수 없다. 아무도 볼 수 없는 곳에 그린 것으로 보아 감상이나 교육을 위한 것은 아니다. 더 많은 사냥감에 대한 기원을 담은 신앙적인 그림으로 추측하지만, 사냥 전에 그리는 행위 자체에 집중한 것으로 보아 이들 짐승의 강한 힘을 닮으려는 주술적인 행위로 해석하는 학자도 많다.

그런데 구석기 시대 말에 이르자 강가에 사는 사람들이 집을 짓기 시작했다. 나무를 얼기설기 세우고 그 사이에 풀잎과 나뭇잎을 엮어 비바람을 피하도록 만든 막집이었다.

구석기 시대 말에 장례 풍습이 생겨났다. 무리의 구성원이 죽으면 짐승이 훼손하지 못하도록 시신을 땅에 묻고 추모했다.

신앙이 나타난 것도 구석기 시대 말이다. 사람들은 무리를 배불리 먹이기 위해 더 많은 사냥감이 나타나기를 하늘에 빌었고, 그 바람을 동굴 벽에 그림으로 그려 나타냈다.

간석기와 함께 신석기 시대로

시간이 흐를수록 사람들의 도구 제작 솜씨는 점점 더 정교해졌다. 하나의 도구에 수십, 수백 개의 날을 세울 수 있을 정도가 되었으며 창과 화살촉도 만들 수 있었다. 이를 세석기 또는 잔석기라고 한다.

사람들은 돌로 돌을 때려 원하는 모양으로 떼어 낸 다음, 이를 돌에다 갈면 더욱 정교한 도구를 만들 수 있다는 것을 알게 되었다. 이렇게 돌에다 돌을 갈아서 만든 도구를 간석기라고 한다. 간석기는 뗀석기보다 훨씬 정교할 뿐만 아니라, 부서지지만 않는다면 돌에다 갈아 날을 세워 다시 쓸 수 있었다. 사람들은 약 1만 5,000~1만 년 전부터 간석기를 썼는데, 이 시기를 신석기 시대라고 한다.

잔석기
남아프리카공화국 블롬보스 동굴에서 나온 것으로 약 7만 5,000년 전에 만들어졌다. 수백 개의 돌조각을 떼어 내 대단히 정교하다.

간석기
돌에다 돌을 갈아서 만든 도구. 뗀석기보다 훨씬 정교하다.

농사를 짓다

도구가 더욱 정교해지면서 사람들의 수렵, 어로, 채집 기술 역시 더욱 발전했다. 하지만 기술의 발전 속도보다 인구 증가 속도가 더욱 빨랐다. 인구가 늘면 먹을 게 모자란다. 이제 먹을거리를 구할 새로운 방법을 찾지 못하면 모두 굶어 죽게 생겼다.

어느 날, 사람들은 곡식이 여문 것을 발견하고 이삭을 훑어 맛있게 먹었다. 그 사람들 가운데 하나가 나중에 그곳을 다시 지나갔다. 그런데 웬걸, 이삭이 축 늘어진 곡식들이 무더기로 자라고 있었다. 그 사람은 기억력이 좋았다. 한참 전에 이삭을 먹은 곳임을 알아차렸다. 그는 급하게 무리로 돌아와 알렸고, 그날 밤 무리 사람들은 하나도 빠짐없이 배불리 먹었다.

잔치는 끝났다. 사람들은 아쉬웠다. 먹어 치운 씨앗을 생각만 해도 군침이 돌았다. 그러다 문득 기발한 생각이 뇌리를 강타했다.

'씨앗을 뿌리면 그 자리에 곡식이 무더기로 자라지 않을까?'

우선 씨앗을 뿌려 보았다. 시간이 지나면서 대부분은 까맣게 잊었지만, 기억력 좋은 몇몇은 결코 잊지 않았다. 시간이 어느 정도 지나서 다시 그곳을 찾았다. 역시 곡식이 무더기로 열려 있었다. 사람들은 깜짝 놀랐다. 농경은 이렇듯 우연하게 시작되었다.

인구가 늘면서 농경의 중요성이 갈수록 커졌다. 더욱이 사람들은 조금만 손을 대면 수확량이 어마어마하게 늘어난다는 것을 알게 되었다. 잡초를 뽑고 물을 적당하게 대 주기만 하면, 한 알을 뿌려 수십 알의 알곡을 거둘 수 있었다. 벼 같은 곡식은 한 알에

최초의 **농경**은 효율성이 높지 않았다. 아니, 엄청나게 낮았다. 씨앗만 뿌린 채 야생 그대로 놓아두었으니 수확량이 많을 리 있겠는가. 원시 농경 시대에 사람들은 여전히 사냥과 고기잡이, 야생 열매 채집으로 살아야 했다. 농경은 기근에 대비해 비상식량을 확보하는 수준에 그쳤다.

서 수백 알의 알곡이 났다.

이제 사람들은 사냥과 고기잡이, 야생 열매 채집 대신 농경에 온 힘을 쏟았다.

가축을 기르다

어느 날, 사람들은 불을 써서 소 떼를 벼랑 끝으로 내몰았다. 뜨거운 불에다 활과 창을 든 사람들이 고함을 지르며 달려들자 소 떼는 두려움에 떨며 벼랑 아래로 돌진했다. 무리는 그 소들을 잡아 바비큐 파티를 벌였다. 먹고 남은 고기는 땅에 파묻었다. 고기가 금방 썩지 않도록 저장하기 위해서이다.

그런데 벼랑 아래로 떨어지지 않은 송아지도 몇 마리 있었다. 도망도 못 가고 바들바들 떨고 있었다. 먹을 것이 충분하니 송아지를 죽일 것까지는 없다는 생각이 들었을 법하다. 커다란 눈망울이 얼마나 귀여운가? 사람들은 송아지들을 줄로 묶어 무리가 사는

반구대 암각화의 목축 장면
반구대 암각화는 울산 태화강 상류에서 발견된 선사 시대 유적이다. 동그라미로 표시한 부분을 잘 보면 울타리를 쳐서 짐승들을 기르는 모습을 볼 수 있다.

곳으로 데리고 왔다.

시간이 흘렀다. 사냥감도 많고 나무에 매달린 열매도 많았다. 씨앗을 뿌려 둔 곳에서 곡식도 풍성하게 열렸다. 먹을거리가 많아지자 사람들은 송아지들을 잡아먹지 않고 그냥 놔두었다. 송아지들도 도망가지 않고 사람을 따랐다. 어느덧 송아지들이 자라 어미 소가 되었다.

다시 시간이 흘렀다. 이번에는 먹을 게 모자랐다. 사람들의 눈에 다 자란 어미 소가 보였다. 그날 밤 사람들은 어미 소 한 마리를 잡았고, 모처럼 배불리 먹었다.

시간은 흘러 흘러 소들이 새끼를 낳았다. 사람들은 깨달았다. 새끼들을 데려와 기르면 먹을 게 없어도 굶어 죽지 않는다는 것을. 잘만 기르면 새끼까지 낳는다. 짐승을 길들여 기르는 목축은 이렇게 시작되었다.

생활을 송두리째 바꾼 신석기 혁명

수렵·어로·채집과 농경·목축은 전혀 다른 생산 방식이다. 수렵·어로·채집은 먹을거리를 있는 그대로의 자연에서 얻지만, 농경과 목축은 노동을 통해 얻는다. 인간의 노동으로 자연을 가공해 먹을거리를 얻는 것이다.

농경과 목축은 사람들의 생활을 뿌리부터 바꾸었다. 전에는 먹을거리가 떨어지면 다른 곳으로 이동해야 했다. 이동은 대단히 위험하고 불안한 일이었다. 무시무시한 맹수가 떼를 지어 기다리고 있을지도 모른다. 다른 인간 무리도 위협 요소였다. 자신들의 영역을 침범했다며 공격해 올 수도 있다. 이런 위험을 무릅쓰더라도 먹을거리가 많으리라는 보장은 없었다. 그래도 먹을거리를 찾아 이동해야 했다. 자칫 때를 놓치면 모조리 굶어 죽을지도 모르니까.

하지만 농경과 목축을 시작하면서 사람들은 한곳에 자리 잡고 살아가기 시작했다. 농경과 목축, 특히 농경은 사람들로 하여금 씨를 뿌린 곳에 머무르도록 했다. 사람 손이 간 것과 그렇지 않은 것 사이에는 수확량에서 너무나 큰 차이가 났다. 사람이 힘을 쓰면 농경만으로도 무리 전체가 먹고살 수 있었다.

이제는 먹을 것을 찾아 끊임없이 이동할 필요가 없어졌다. 농경과 목축을 통해 생활 방식이 이동 생활에서 정착 생활로 바뀐 것이다. 이처럼 생산 방식과 생활 방식이 뿌리부터 바뀌었기에 이를 혁명이라 부른다. 신석기 혁명은 생산력의 비약적인 발전을 가져온 근대 산업 혁명보다 더욱 혁명적인 일이었다.

신석기 시대 사람들은 어떻게 살았을까

이제 사람들은 물가나 바닷가에 마을을 이루고 살았다. 이곳은 전에 살던 산속보다는 살기가 좋았다. 땅이 편평한 데다 작물을 기르는 데 필요한 물도 구하기 쉬웠다. 물고기나 새우, 조개를 쉽게 잡을 수 있어 이전보다 먹을거리도 더욱 풍부해졌다.

신석기 시대 사람들은 여러 가지 도구를 이전보다 훨씬 정교하게 만들 수 있었다. 나무를 자르는 돌도끼, 흙을 잘게 부숴 작물이 숨 쉴 수 있도록 땅을 가는 보습, 씨앗을 심을 수 있도록 구멍을 파는 뿔괭이, 작물을 수확할 때 곡식의 이삭을 자르는 돌낫, 곡식의 낟알을 벗기는 갈돌과 갈판, 물고기를 낚는 낚싯바늘, 큰 물고기를 잡는 작살, 그물이 가라앉도록 하는 돌 그물추, 실을 잣는 가락바퀴, 짐승의 가죽이나 물고기 껍질 또는 커다란 나뭇잎을 꿰매 옷을 만드는 뼈바늘 등이다.

또 흙을 빚어 토기도 만들었다. 처음에는 그저 진흙을 빚어 모양을 만들고 터지지 않도록 그늘에서 말린 것이었다. 물기가 닿으면 진흙이 녹기 때문에 축축한 것은 담지 못했고 오래 쓸 수도 없었다. 그런데 우연히 토기를 불에 떨어뜨렸다가 놀라운 변화를 목격했다. 표면에 얇은 피막이 생겨 물속에서도 끄떡없었던 것이다. 불에다 구운 토기는 여러모로 쓸모가 많았다. 곡식이나 중요한 물건을 담아 둘 수 있었고, 물을 담아 흙모래를 가라앉힌 뒤 깨끗한 물을 먹을 수도 있었다.

가장 중요한 것은 토기에다 물이나 음식 재료를 넣고 불에 올려 삶거나 끓여 먹게 되었다는 점이다. 토기의 발명은 음식을 요리해 먹는 조리 혁명을 본격화했다. 이로써 사람들은 살기 위해 먹는 수준을 넘어 음식 맛을 즐기게 되었다.

집과 관련해서도 엄청난 발전을 이루었다. 먼저 땅을 파서 단단하게 다진 다음, 불을 피워 바닥을 바짝 말

빗살무늬토기
신석기 사람들은 진흙을 빚어 그릇을 만든 다음 불에 구워 토기를 만들었다. 표면에는 빗살무늬를 새겨 넣어 멋있게 꾸미는 한편, 열기가 고루 퍼지도록 했다.

렸다. 그러고는 나무로 기둥을 박고 서까래와 도리로 뼈대를 세운 뒤 풀과 나뭇잎을 엮어서 만든 지붕을 얹었다. 이렇게 만든 움집의 바닥은 지면보다 낮아 겨울에도 따뜻하게 지낼 수 있었다. 움집 한가운데에는 화덕을 두었다. 거기에 불을 피워 집 안을 데우고 음식을 조리했다. 연기가 빠져나갈 수 있도록 천장에는 구멍을 냈다.

움집들 주변에는 짐승을 가둬서 기르는 울타리를 둘렀다. 간석기와 토기를 만드는 공방도 생겼다.

같은 핏줄로 맺어진 씨족이 마을을 이루었다. 혼인은 대부분 가까이에 사는 다른 씨족 마을 사람과 했다. 근친혼이 기형이나 면역력 이상을 유발한다는 것을 알았기 때문이다. 이렇게 혼인 등으로 부근의 씨족과 맺어지면서 몇몇 씨족이 힘을 합쳐 부족 사회를 이루는 경우도 생겼다. 이와 함께 씨족과 부족을 이끄는 지도자(족장)도 생겨났다. 족장은 조개껍데기나 짐승의 뿔과 뼈로 만든 팔찌나 목걸이, 관 따위 장신구로 치장해 권위를 드러냈다. 하지만 여전히 모두 함께 일하고 나누는 평등 사회였으므로 별다른 특권은 없었다. 족장에게는 부족원들의 존경과 애정만이 주어질 따름이었다.

농사를 짓기 시작하면서 사람들은 농사에 영향을 끼치는 자연 현상에 관심을 갖게 되었다. 풍흉에 직접적인 영향을 끼치는 홍수와 가뭄은 물론 천둥, 번개, 태풍, 화산, 지진, 햇무리, 달무리, 일식, 월식 등이 일어나는 까닭과 날씨와의 관계를 궁리했다. 그러는 과정에서 사람들은 이들 자연 현상을 해나 달, 물, 불, 바람, 흙 등

신석기 시대에는 농경과 목축을 시작한 지 얼마 되지 않았기에 일할 힘이 없는 갓난아이나 노인이 아니라면 한 사람도 빠짐없이 한 해 내내 일을 했다. 그래야 모두가 한 해 동안 먹고살 식량을 얻을 수 있었다. 일하지 않는 자 먹지도 말라는 말이 꼭 들어맞는 상황인지라 족장도 일해야 했다. 다 함께 일하고 다 함께 나누는데 어떻게 일하지 않고도 먹을 **특권**이 생기겠는가.

에 깃들어 있는 영혼이나 신의 권능이 나타난 것으로 생각했다. 과학이 발달하지 못한 상태라 합리적으로 설명할 수 없었기 때문이다.

이런 생각은 이들 영혼이나 신을 떠받드는 신앙을 낳았다. 사람들은 무당(샤먼, 신관)이 자신들을 영혼이나 신과 이어 준다고 믿었다. 호랑이나 곰, 늑대, 사슴, 양, 독수리, 올빼미처럼 짐승을 수호신이나 조상신으로 섬기는 경우도 많았다.

똑똑하게 정리하는
착착 마인드맵

인류의 탄생과 진화

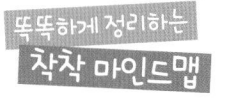

- **인류의 탄생과 진화**
  - 약 400만 년 전 인류의 탄생 → 계속 진화
  - 직 립 → 양손의 자유 → 도구 제작 → 생각하는 인간 → 언어 발달
- **구석기 문화**
  - 불의 사용
  - 뗀석기
  - 이동 생활
- **신석기 혁명**
  - 농경 · 목축
  - 간석기
  - 토 기 → 조리 혁명
  - 정착 생활

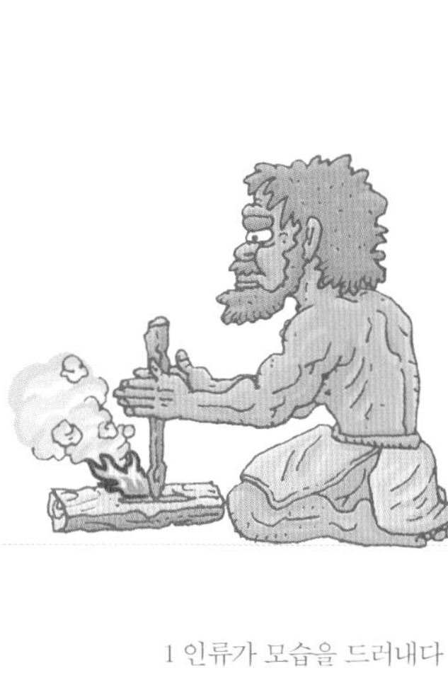

2 계급과 국가, 문명이 탄생하다

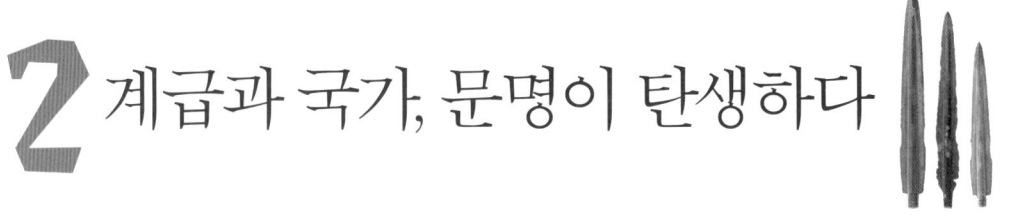

농경과 목축이 발달하면서 인류는 여유분을 쌓아 둘 수 있었다. 그런데 이 여유분을 노리고 무리들 사이에 전쟁이 벌어졌다. 무리들은 전리품을 분배할 때 공이 큰 사람과 그렇지 않은 사람 사이에 차등을 두었는데, 여기에서 계급이 나타났다. 또한 승리를 위해 보다 효율적인 동원 체계를 만들었는데, 이것이 바로 국가요 문명이었다.

생존을 위해 뺏고 빼앗기는 시대로

오랜 시간이 흘렀고, 농사 기술도 조금씩 발전했다. 생산 능력이 높아지면서 여러모로 상황이 바뀌었다.

신석기 시대에는 한 사람이 한 해 내내 농사를 지어 자신이 한 해 동안 먹을 양을 거둬들였다. 80명으로 이뤄진 무리가 있다고 할 때 모두가 한 해 내내 농사를 지으면 80명이 한 해 동안 먹을 양을 거두게 된다.

그런데 시간이 흘러 농사 기술이 점점 발전하면서 한 사람이 1.2명이 먹을 양을 거둬들이게 됐다. 80명 무리에서 96명이 먹을 양을 거두게 된 것이다. 16명이 한 해 동안 먹을 양이 남는다는 이야기이다(이렇게 생긴 여유분을 경제학에서는 '잉여'라고 한다). 무리는 해마다 여유분을 비축해 위기에 대비하기로 했다. 10년 동안 비축하면 80명 무리가 두 해 동안 먹을 양이 쌓였다.

상황이 이렇다 보니 무리를 습격해 그 무리가 비축한 여유분을 약탈하는 일이 잦아졌다. 전쟁에서 이기면 그 무리가 농사짓는 기름진 땅을 빼앗을 수 있는 데다 그 무리 성원들을 포로로 붙잡아 노예로 부릴 수도 있었다. 전리품으로 식량, 땅, 노예 세 가지를 챙기는 것이니 돌팔매 한 번에 세 마리 새를 잡는 셈이다(일석이조가 아니라 일석삼조).

이제 다른 무리를 습격해 그 무리가 가진 모든 것을 빼앗는 일이 곳곳에서 벌어졌다. 바야흐로 전쟁의 시대가 열린 것이다.

그렇다면 승리한 무리는 전리품을 어떻게 처리했을까?

신석기 시대에는 살아가는 데 꼭 필요한 영역(농경지와 사냥터, 어장 따위)을 놓고서 다른 무리와 영역 다툼을 벌였다. 다툼에서 이기면 상대편을 모두 죽였다. **포로로** 삼아 일을 시키더라도 거둬들이는 양만큼 먹어치우기 때문에 이득이 없었다. 포로를 붙잡아 노예로 삼은 것은 농사 기술이 발전해 생산 능력이 높아진 청동기 시대 이후의 일이다.

처음에는 다 함께 일하고 다 함께 나누는 원칙에 따라 사람 수대로 고르게 나누었다. 하지만 얼마 뒤 족장은 여기에 문제가 있음을 깨달았다. 전투에 참가해 맹렬히 싸우든 아니든 똑같은 몫이 돌아간다면 누가 목숨을 걸고 용감히 싸우겠는가? 그리하여 전투에서 큰 공을 세운 사람에게 더 많은 몫을 주기로 했다. 이제 모두가 용감하게 전투에 앞장섰고, 이기는 경우가 많아지면서 더 많은 전리품을 챙길 수 있었다.

그런데 바로 여기에서 문제가 생겼다. 지금까지는 '우리 것'을 다 함께 고르게 나눴기 때문에 따로 '내 것'이라는 생각은 없었다. 하지만 전리품을 차등 분배받으면서 '내 것'과 '네 것'이 다르다는 생각이 생겨났다. '사유 재산'이라는 생각이 처음 등장한 것이다.

전리품으로 받은 식량과 땅, 노예의 양이 서로 다르다 보니 얼마 안 가 무리 내에서 '많이 가진 자'와 '적게 가진 자'가 나뉘었다. 많이 가진 자는 자기 핏줄에게 재산을 물려주고자 했고, 이런 생각이 부모와 자식들로 이루어진 '가족'이라는 개념을 낳았다.

많이 가진 자들 쪽에서는 가족 모두가 일하지 않고 노예들만 부려도 가족이 먹고 남을 만큼 생산할 수 있었다. 일하지 않아도 되니까 그 시간 동안 무술을 닦고 전술을 배우며 청동 제작 같은 고급 기술을 배웠다.

시간이 흐르면서 많이 가진 자는 대를 이어 재산을 불렸다. 심지어 적게 가진 자 중에는 흉년으로 식량이 모자라 많이 가진 자에게 빚을 내는 사람도 생겼다. 빚을 갚지 못할 경우에는 빚 대신 노예처럼 일해서 갚아야 했다. 이런 일이 거듭되면서 빚을 못 갚아 노예가 되는 경우도 나타났다. 물론 흔한 일은 아니었다. 이제 무리는 많이 가진 자와 적게 가진 자, 노예로 나뉘었다. '계급'이 등장한 것이다.

전쟁에서 이기려면

전쟁 시대에는 전쟁에서의 승패가 무리의 사활을 좌우했다. 그렇다면 전쟁에서 이기기 위해서는 무엇이 필요할까?

첫째, 스스로를 지키는 것이 무엇보다 중요하다. 사람들은 마을을 나무 울타리(목책)로 두르고 도랑(해자)을 파서 적이 마을 안으로 쉽게 쳐들어오지 못하도록 막았다. 그리고 망루를 세워 적들의 움직임을 미리 살펴 공격에 대비했다. 이러한 방어 시설은 나중에 성곽으로 발전한다.

둘째, 더욱 단단하고 날카로운 창과 칼, 더 멀리 날아가고 명중

청동제 무기
중국 허난 성 구스 현 백사자지에서 나온 청동 검과 간 돌검이다. 청동제 무기는 돌로 만든 무기보다 훨씬 단단하고 날카로웠다.

률이 높은 활과 화살, 적의 창칼과 화살을 막아 주는 방패와 투구 등 무기도 중요하다. 처음에는 흑요석이나 화강암같이 단단한 돌을 가공해 무기를 만들었지만, 점차 구리와 주석, 아연 등을 녹인 청동제 무기를 만들기 시작했다. 청동제 무기는 단단하고 날카로워 그 살상력이 돌로 만든 무기와는 비교가 되지 않는다. 더욱이 날이 무뎌지면 숫돌에 갈아서 날을 다시 세울 수 있고, 부러진 것들도 녹이면 다시 무기로 만들 수 있다. 청동제 무기가 전쟁에서의 승패를 좌우하는 전략 병기라는 이야기이다.

문제는 청동으로 무기를 만들려면 구리를 녹여야 하는데, 섭씨 1,000도 이상의 고온을 얻기가 쉽지 않다는 것이었다. 나무를 쌓아 놓고 그냥 불을 붙여서는 이렇게 높은 온도를 얻을 수 없다. 뭔가 특수한 방법이 필요하다. 구리와 주석, 아연의 비율도 중요하다. 주석을 어느 정도 섞어야 충격에도 부러지거나 깨지지 않고 단단함과 날카로움을 유지할 수 있는지, 아연을 섞으면 무슨 이점이 있는지 등 청동제 무기의 질을 결정하는 요소는 다양하다.

이러한 것들은 아무나 알 수 있는 게 아니다. 오랜 경험과 연구가 있어야 한다. 결국 청동제 무기 제작에 특화된 전문가, 즉 장인이 새롭게 필요해졌다.

전략 병기인 청동제 무기 제작법은 외부로 유출되어서는 안 되는 일급비밀이다. 무리의 발전이 이것에 달려 있기 때문이다. 그러려면 장인들이 불만을 갖지 않도록 높은 지위와 풍족한 생활을 보장해야 한다. 그래서 청동기 시대에는 장인이 족장을 맡는 경우도 많았다. 그리스 신화에서 대장장이 신 헤파이스토스가 올림포스 12신의 하나였던 것은 이를 보여 주는 대표적인 사례이다.

전쟁에서 이기는 데 필요한 세 번째 요소는 싸우는 기술이다. 전투 기술과 병력 운용 능력은 물론이고 군사 배치, 매복, 기습, 야습 등 여러 가지 전술이 중요하다. 그래서 전투 기술이 뛰어나고 군사를 잘 지휘하며 전술에 밝은 전쟁 전문가가 필요해졌다.

전쟁 전문가에게 힘을 실어 주는 것은 그 무리의 군사력이다. 그렇다면 군사력을 좌우하는 것은 무엇일까?

먹을거리를 생산하는 능력이다. 생산 능력이 높으면 더 많은 인구를 먹여 살릴 수 있고, 인구가 많으면 전쟁에 동원할 수 있는 병력도 많아지기 때문이다. 비슷한 무장 상태일 경우에는 병력이 많은 쪽이 무조건 유리하다.

먹을거리를 생산하는 능력은 땅이 얼마나 비옥한가, 얼마나 농

신석기 시대에는 경험 많고 지혜로우며 나이 많은 사람이 무리의 우두머리를 맡았다. 이에 비해 전쟁의 시대인 청동기 시대에는 **전쟁 전문가**들이 우두머리가 되는 경우가 많았다. 그러면서 종교를 맡는 이와 정치를 맡는 이가 나뉘게 되었고(제정 분리), 정치 지도자의 영향력이 커짐에 따라 종교 지도자마저 신하로 두게 되었다.

헤파이스토스의 대장간
불의 신이자 대장장이의 신인 헤파이스토스가 대장간에서 정교한 금속 제품을 만들고 있다. 그 옆에서 성스러운 빛을 내뿜는 이가 태양신 아폴론이다. 에스파냐 화가 벨라스케스가 1630년에 그린 작품이다.

사짓기 편한가에 따라 크게 차이가 난다. 강 하류 지역은 홍수 때 상류에서 떠내려온 흙이 쌓여 매우 기름져서 따로 비료를 주지 않아도 많은 양을 수확할 수 있다. 강에서 가까워 물을 대기도 쉽고, 편평한 평야 지대라 농사짓기도 편하다. 하지만 산지가 많은 강 상류 지역은 평지도 적고 홍수 때면 흙이 깎여 나가 메마를 뿐 아니라 물을 대기도 쉽지 않아 농사짓기가 여간 까다롭지 않다.

강 하류 지역에 자리 잡은 무리가 상류 지역의 무리보다 생산 능력이 높으리라는 것은 누구라도 알 수 있는 일이다. 당연히 하류 지역의 무리가 상류 지역의 무리보다 인구도 많고, 병력도 많을 것이다.

그렇지만 비옥하고 농사짓기 편한 지역은 노리는 적도 많다. 경쟁이 심한 만큼 다툼도 끊이지 않는다. 전쟁에서 지면 무리의 대부분이 죽거나 노예로 끌려가는 비참한 운명이 기다리고 있기 때문에 무슨 수를 쓰더라도 전쟁에서 이겨야 한다. 그러려면 사람들을 가장 효과적으로 배치해 무리의 힘을 극대화할 수 있는 조직이 필요하다. 더욱 효율적으로 무리를 다스리는 전문적인 통치 조직 말이다.

다른 무리의 침략으로부터 스스로를 지키고 다른 무리를 정복하는 데 필요한 군대. 세금을 거두어 군대를 비롯한 여러 조직을 움직이는 관리. 가진 자의 생명과 재산을 지키는 경찰……. 어디서 많이 본 체제 아닌가? '국가'는 바로 이렇게 탄생했다.

문명은 왜 큰 강 유역에서 시작되었나

그렇다면 이와 같은 과정이 최초로 일어난 곳은 어디일까?

티그리스 강(1,900킬로미터)과 유프라테스 강(2,800킬로미터) 사이의 메소포타미아, 나일 강(6,650킬로미터) 유역의 이집트, 인더스 강(2,900킬로미터) 유역의 인도 서북부, 황허 강(5,400킬로미터) 유역의 중국 중북부이다. 이 네 곳에서 역사상 최초로 국가와 문명이 탄생했는데, 이를 세계 4대 문명이라고 한다.

4대 문명은 모두 큰 강 유역에서 탄생했다는 공통점이 있다. 그 이유가 뭘까?

큰 강의 중·하류 지역에는 홍수 때 상류에서 비옥한 흙이 떠내려와 쌓이면서 작물이 잘 자라는 넓디넓은 평야를 만든다. 이 평야 지대는 넓고 편평하지, 흙은 비옥하지, 작물에 줄 물도 흔하지, 그야말로 농사짓기에는 가장 알맞은 곳이다. 수확량이 다른 곳보

세계 4대 문명
4대 문명은 다른 문명의 영향 없이 독자적으로 발생했다. 독자성은 문명의 탄생에서 중요한 요소이다.

다 서너 배는 많다. 이는 곧 서너 배 많은 인구도 먹여 살릴 수 있다는 이야기가 된다. 그래서 이 지역에 뿌리내리고 사는 무리가 수백, 수천을 넘었고 인구도 수십만, 수백만 명이나 되었다.

이들 무리는 더 넓은 땅을 차지하기 위해 치열하게 다툼을 벌였는데, 승리를 위해 몇몇 무리가 손을 잡았다. 여럿이 힘을 합쳐 하나를 공격하면 손쉽게 무릎 꿇릴 수 있기 때문이다. 이렇게 몇 개의 무리가 동맹을 맺고 다른 무리들을 정복하기 위해 만든 조직이 바로 국가였다.

그런 까닭에 처음에는 국가라고 해도 인구가 1만 명 남짓한 작은 규모였다. 하지만 그 파장은 강력했다. 아무리 용맹한 무리라도 혼자서는 도저히 국가에 맞설 수 없었다. 국가에 맞서려면 같은 처지의 무리끼리 손잡고 국가를 세우는 수밖에 없었다.

큰 강 유역에는 삽시간에 작은 국가가 수없이 들어섰고, 그들 간에는 더 큰 규모의 전쟁이 벌어졌다. 전쟁에서 이겨 다른 소국을 정복하면 그 국가의 힘은 더욱 커졌다. 거듭된 전쟁으로 소국들의 숫자는 줄었고, 국가의 크기는 점점 커졌다.

이에 따라 국가에 속한 주민들의 규모 역시 점점 커졌다. 국가에서는 홍수와 가뭄의 피해를 막고 더 많은 식량을 생산하기 위해 둑을 튼튼하게 쌓고 그물처럼 촘촘하게 물길을 냈다. 둑을 쌓고 물길을 내는 데도 수만, 수십만 명이 달라붙을 수 있었다. 그 결과 식량 생산이 몇 배로 늘었다.

둑을 쌓고 물길을 내려면 언제 홍수가 오고 가뭄이 드는지, 홍수가 들면 어디까지 잠기는지, 무너지지 않게 둑을 쌓으려면 둑의 바닥과 중간과 꼭대기는 어느 정도 너비로 해야 하는지, 어떤 방법으로 흙을 다져야 무너지지 않는지 따위를 알아야 했다.

먼저, 홍수와 가뭄이 드는 때를 알려면 밤하늘의 별들을 관측해 달력을 만들어야 했다. 날씨는 1년을 단위로 거의 비슷하게 되풀이되기 때문이다. 달력을 만들려면 천문학과 수학이 발달해야 했고, 수학이 발달하려면 숫자 체계를 만들어야 했다. 결국 튼튼하고 안전하게 둑을 쌓고자 하는 과정에서 토목학과 건축학, 천문학, 수학이 함께 발달했다.

또한 홍수가 쓸고 가서 지형이 바뀌어 버렸을 때는 어디서부터 어디까지가 누구 땅인지도 알아야 했다. 그러려면 측량 기술이 필요하고 길이, 넓이, 무게, 부피 등 도량형도 만들어야 했다.

이처럼 둑을 쌓고 물길을 내려는 노력은 그에 필요한 과학 기술의 발달을 가져왔다. 하지만 과학 기술은 일반인들이 배우기에는 너무 어렵고 전문적이었다. 이를 전담할 전문가 집단이 필요했는데, 통치자를 보좌하는 신관(무당, 주술사, 제사장 등)이나 관리들이 그 역할을 맡았다. 이들은 과학 기술을 더 깊이 연구하고, 자신의 지식과 경험을 제자들에게 가르치기 위해 문자를 발명했다.

이제 사회는 점점 복잡해졌다. 백성들에게 세금을 거두는 관리, 치안을 담당하는 경찰도 나타났다. 이른바 관료 집단이 만들어진 것이다. 관료 집단은 더는 농사를 짓지 않고 자기에게 맡겨진 일을 해 나가면서 기능을 더욱 갈고닦았다.

사회가 복잡해지면서 수많은 사람이 한곳에 모여 살게 되었다. 주로 국가의 수도나 예전에 정복당한 소국의 수도였던 곳이 중심

과학 기술 *전문가*들은 제자를 자신의 가족과 친척 중에서 뽑았다. 그래서 과학 기술은 혈연으로 대물림되었다.

이 되었고, 수만 명에서 수십만 명이 사는 도시가 만들어졌다. 이렇듯 문명이라 함은 수많은 사람이 도시에 모여 사는 도시 혁명, 즉 도시화를 뜻한다.

계급과 국가, 문명의 탄생

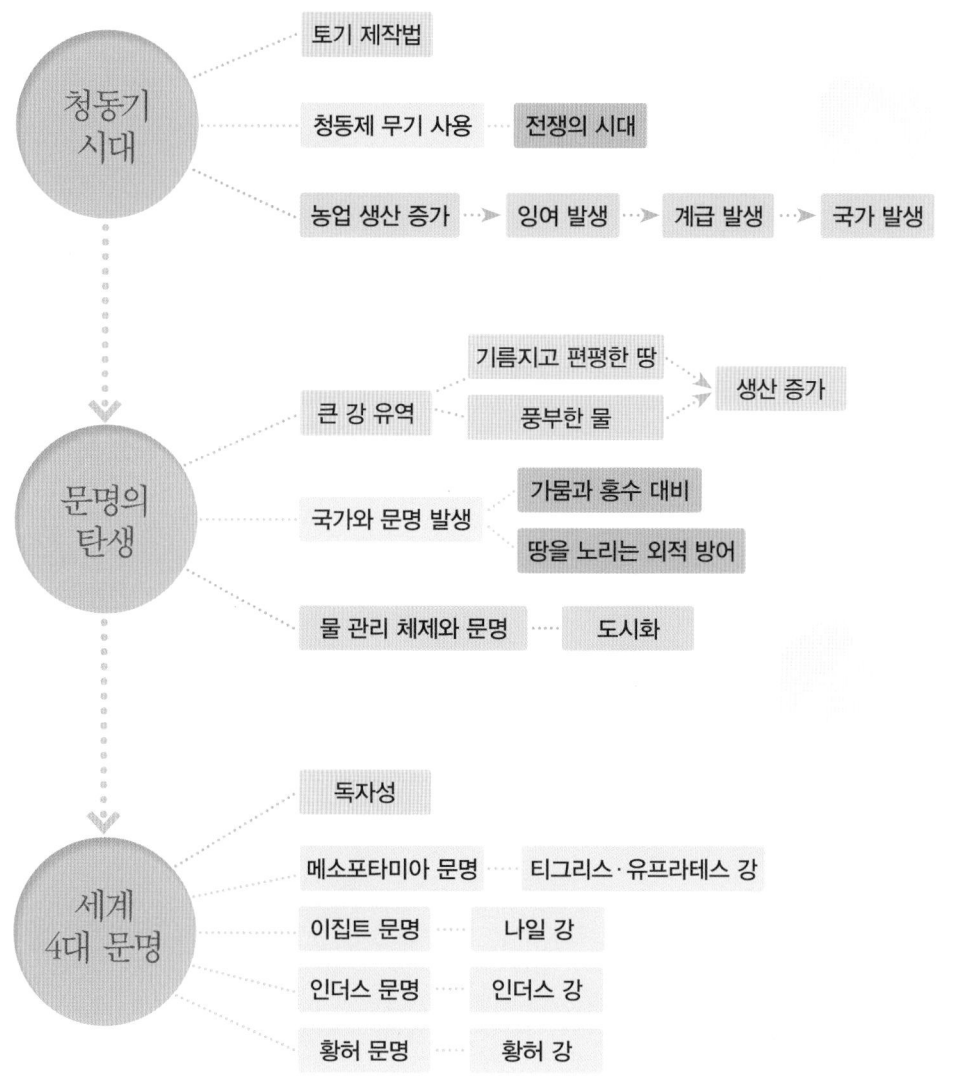

청동기
시대

토기 제작법

청동제 무기 사용　전쟁의 시대

농업 생산 증가 ➡ 잉여 발생 ⋯ 계급 발생 ⋯ 국가 발생

문명의
탄생

큰 강 유역　기름지고 편평한 땅
　　　　　　풍부한 물　➡ 생산 증가

국가와 문명 발생　가뭄과 홍수 대비
　　　　　　　　　땅을 노리는 외적 방어

물 관리 체제와 문명 ⋯⋯ 도시화

세계
4대 문명

독자성

메소포타미아 문명　티그리스·유프라테스 강

이집트 문명　나일 강

인더스 문명　인더스 강

황허 문명　황허 강

3 세계 4대 문명을 중심으로 도시 국가가 발전하다

물길이 곧으니 보기 좋구나!

메소포타미아 문명

인더스 문명

황허 문명

이집트 문명

세계 최초의 문명은 기원전 3000년경 메소포타미아 지방에서 처음 탄생했다. 비슷한 시기에 이집트에서도 문명이 탄생했다. 기원전 2500년경에는 인더스 문명과 황허 문명이 등장했다. 이들 세계 4대 문명은 홍수와 가뭄의 피해를 막기 위해 강 양쪽에 거대한 둑을 쌓고 물길을 촘촘하게 내 농업 생산을 크게 발전시켰다.

메소포타미아 문명

세계 최초의 문명은 기원전 3000년경 서남아시아 메소포타미아 지방에서 발생했다. 메소포타미아는 '두 강 사이'를 가리키는 말로, 페르시아 만으로 흘러드는 티그리스 강과 유프라테스 강 사이를 뜻한다. 이 지역은 상류에서 떠내려온 흙이 쌓여 땅이 매우 기름졌다. 다른 곳보다 몇 배 많은 수확을 올릴 정도여서 '비옥한 초승달 지대'라고 불렀다.

메소포타미아는 세계에서 가장 먼저 농경이 시작된 곳이다. 인류가 가장 먼저 재배한 작물인 밀은 흑해와 카스피 해 사이의 코카서스 지방이 원산지이며, 약 1만 년 전 메소포타미아로 전해져 재배되었다.

하지만 이 지역의 풍토가 농사짓기에 마냥 좋은 것만은 아니었다. 우선, 건조 지대라 비가 적게 내리고 증발량도 많아 작물이 말라 죽곤 했다. 그러면서도 잦은 홍수로 강물이 자주 범람해 애써 지은 농사를 망치기 십상이었다.

둑을 튼튼히 쌓아 홍수 피해를 막고, 관개 수로를 내 강물을 대지 않으면 안정적으로 농사를 지을 수 없다는 이야기이다. 이 지역에 사는 무리는 사활을 걸고 물 관리에 매달릴 수밖에 없었다. 물 관리는 수많은 사람을 필요로 하는 대공사였고, 이들을 효과적으로 동원하고 관리하려면 체계적인 조직이 필요했다. 이 조직이 바로 국가이다.

세계에서 가장 먼저 농경이 시작된 메소포타미아는 세계 최초

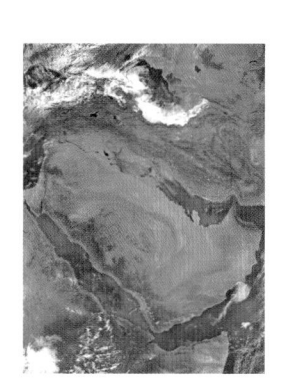

메소포타미아
티그리스 강과 유프라테스 강 사이의 '비옥한 초승달 지대'를 가리킨다.

밀
인류가 최초로 재배한 작물인 밀은 메소포타미아에서 약 1만 년 전부터 재배되었다.

로 국가가 탄생한 곳이다. 기원전 3000년경, 이 지역에 살던 수메르 인이 수많은 도시 국가를 만들었다.

이들 도시 국가에서는 국왕이 신의 대리인으로서 사람들을 다스렸다. 이를 신권 정치라고 한다. 도시는 성벽으로 보호했고, 도시 중심에는 지구라트라는 신전 탑을 두었다. 이 지역에는 바위조차 구경하기 힘들 정도로 별다른 자원이 없어 집 짓는 재료도 나무나 돌이 아니라 진흙으로 만든 벽돌이었다. 신전은 물론 성벽, 공동 시설, 도로, 수로까지 벽돌로 지었다.

대신에 이 지역은 높은 산맥이 없이 편평하고 탁 트여 있어 다른 지역과 교류하기 좋았다. 수메르 인들은 자신들이 재배한 밀과 다른 지역의 구리, 청동, 돌, 나무 등을 교역했다. 이러한 상거래를 위해 쐐기 문자를 고안해 점토판에 장부를 기록했다.

다른 지역과 교류하기 좋다는 이점은 주변 여러 민족에게 침입을 자주 받는 이유가 되었다. 전쟁이 일상이 될 만큼 정세가 늘 불안했기에, 사람들은 죽은 뒤보다는 현재의 삶과 운명을 중시했다. 수메르 인들은 별이 사람과 연결되어 있다고 믿었고, 별의 움직임을 관찰해 운명을 점치는 점성술이 발달했다. 그 과정에서 천문학도 발달했다. 도시 국가 중 우르에서는 달의 신 난나를 주신

고고학과 고천문학, 고기후학, 고생물학 등을 전공한 여러 학자가 협동 연구하면서 문명과 국가의 발생 연도가 올라가는 것이 세계적인 추세다. 최근에는 수메르 인의 문명 건설 시기를 *기원전 3000년경*으로 올려 잡는 학자들이 점점 늘어나고 있다.

우르의 지구라트
지구라트는 도시 국가의 주신에게 바치는 신전 탑이다. 우르의 지구라트에는 달의 신 난나를 모셨다. 가로 46미터, 세로 64미터, 높이 12미터로, 3층 계단식 피라미드를 벽돌을 쌓아 만들었다.

으로 모실 만큼 달의 움직임을 중시했다. 따라서 이들이 달의 움직임을 기준으로 태음력을 만들어 쓴 것은 놀라운 일이 아니다. 이들은 또한 오늘날 시간 측정의 방법으로 쓰이는 60진법을 썼다.

수메르 인에 이어 메소포타미아를 차지한 바빌로니아는 기원전 18세기 함무라비 왕 때 전성기를 맞아 메소포타미아를 통일했다. 함무라비 왕은 이전의 법전을 이어받아 함무라비 법전을 펴냈다. '눈에는 눈, 이에는 이'로 유명한 보복법으로, 신분에 따라 보복에 차별을 둔 것이 특징이다.

이집트 문명

메소포타미아 문명과 비슷한 시기, 나일 강 유역에서는 이집트 문명이 일어났다. 그리스의 역사가 헤로도토스는 이집트 문명을 '나일 강이 준 선물'이라고 불렀다.

나일 강은 해마다 규칙적으로 강물이 범람해 중·하류에 기름진 평야 지대를 만들었다. 이집트 사람들은 이 기름진 땅에 밀을 심었는데, 다른 곳보다 몇 배 많은 밀을 수확했다. 이런 생산 능력을 바탕으로 나일 강 유역에는 수많은 도시 국가가 생겼다. 동맹과 전쟁이 되풀이되면서 이 도시 국가들은 점차 통합되어 나일 강 상류의 상 이집트와 나일 강 하류의 하 이집트가 되었다. 그리고 기원전 3000년경에는 마침내 상·하 이집트를 통일한 거대 국가가 탄생했다.

나일 강 중·상류는 깊은 협곡이 많아 강물이 범람하면 속수무

함무라비 법전
윗부분은 부조. 아랫부분은 서문, 282개조 법조항, 그리고 맺음말로 이루어져 있다. 아래 사진은 법전 일부를 확대한 것이다.

책이었다. 그렇지만 강 하류에는 드넓은 삼각주 평야가 펼쳐졌기에 경작을 하기에 최적이었다. 다만 하류에서는 튼튼한 둑을 쌓아 강물의 범람을 막고 물길을 내어 경지를 늘리는 것이 대단히 중요했다.

나일 강은 세계에서 가장 긴 강이다. 그러니 둑을 쌓으려면 수십만 명이 달라붙어야 했다. 그 노동력을 가장 효율적으로 동원하기 위해 이 지역에서도 역시 강력한 왕권을 바탕으로 한 중앙 집권적인 국가가 필요했다. 그래서 이집트 왕 파라오는 최고신인 태양신 '라(레)'의 아들이 될 수밖에 없었다. '파라오'라 불리는 왕은 신의 아들이자 또 다른 신이었다. 또 다른 신이 다스리니 그 권능이 얼마나 강력했겠는가.

나일 강 유역에 자리 잡은 이집트는 사막과 바다로 둘러싸여 있었다. 외부에서 적이 쳐들어오기 어려워 정세가 그만큼 안정적이었다. 이집트는 다른 민족의 침입을 거의 받지 않았으며, 이러한 안정을 바탕으로 중앙 집권 국가를 오랫동안 유지하며 발전할 수 있었다.

평온한 생활은 사후 세계에 대한 관심으로 나타났다. 이집트에서는 사람이 죽으면 그 영혼이 사후 세계에서 영원히 살아간다고 믿었다. 그래서 왕이 죽으면 그 육신을 미라로 만들어 피라미드에 모셨다.

그 결과 이집트는 신, 왕, 죽은 사람, 산 사람의 순으로 등급이

이집트
나일 강 유역의 이집트는 사막과 바다로 둘러싸여 외적의 침략을 거의 받지 않았다.

라(레)
주신인 태양신으로, 후기에는 호루스 신화와 합쳐져 라-호라크티라 했다. 파라오를 보호하는 신이라 하여 높이 떠받들었다.

매겨진 철저한 계급 사회가 되었다. 산 사람 안에서도 다시 신관, 관리, 평민, 노예 순으로 등급이 매겨졌다. 신관과 관리는 종교와 정치는 물론 학문까지 독점했다. 평민은 아무런 자유도 없이 왕이나 신관, 관리들이 소유한 땅에 묶여 농사를 지어야 했기에 지위가 매우 낮았다. 노예는 포로나 외국인, 빚을 못 갚은 사람 등으로 이루어졌는데 그다지 많지 않았다.

이집트 인들은 상형 문자의 일종인 신성 문자를 썼는데, 문자 하나하나에 신의 힘이 깃들어 있다고 보았다. 이들은 신성 문자로 피라미드 안의 벽과 파피루스에 많은 기록을 남겼다.

이집트에서는 둑을 쌓고 물길을 내기 위해 토목학과 건축학이 발달했고, 강물이 범람한 뒤 경계가 사라진 땅을 측량하기 위해 측량술과 기하학이 발달했다. 또한 강물이 범람하는 때를 정확하게 예측하기 위해 달력을 만들었는데, 태양신 라를 주신으로 숭

기자의 피라미드
이집트 기자에는 쿠푸·카프레·멘카우레 왕의 피라미드가 있는데, 세계에서 가장 큰 건축물이다. 피라미드는 규모와 제작 과정이 현대 과학으로도 풀 수 없을 만큼 대단해 '세계 7대 불가사의' 중 하나로 꼽힌다. 이집트 사람들이 왕의 무덤을 왜 이렇게 거대하게 지었는지에 대해서는 아직도 알려지지 않았다. 둑을 쌓고 물길을 내는 수십만 명의 노동 조직을 유지하기 위해 피라미드가 필요했다고 주장하는 학자들도 있다.

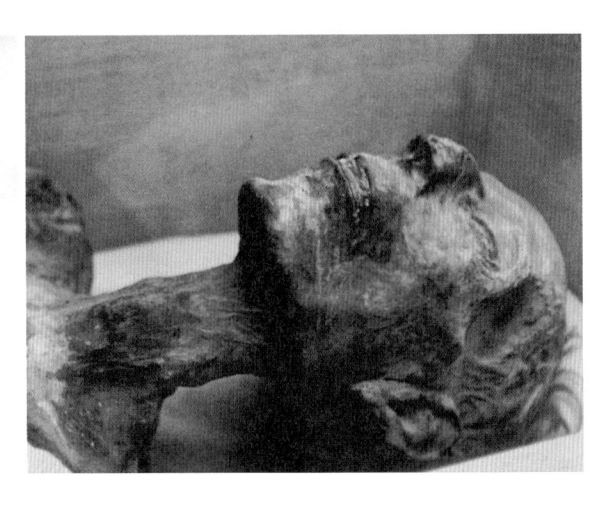

배하는 만큼 태양의 움직임을 기준으로 한 태양력이었다.

한편 왕과 신관, 고위 관리가 죽었을 때 미라를 만드는 과정을
통해 각종 장기의 생김새와 기능을 알게 되면서 의학이 크게 발
달했다.

이집트와 메소포타미아의 교류와 전쟁

사막과 바다로 둘러싸여 이민족의 침입을 거의 받지 않던 이집트는
기원전 17세기 중엽부터 서아시아에서 들어온 힉소스 인들의 지배
를 받았다. 힉소스는 '외국에서 온 지배자'라는 뜻으로, 정확히 어
떤 민족을 가리키는지는 알 수 없다.

힉소스 인들은 말과 전차를 비롯해 조립식 활, 개량된 전투용
도끼, 발달된 요새 축성술을 바탕으로 이집트를 약 100년 동안 다
스렸다. 이들이 들여온 기술들로 이집트는 우물 안 개구리 신세를
벗어나 서아시아 수준까지 발전할 수 있었다.

그러한 힉소스 인을 몰아낸 것은 아모세 1세로 기원전 16세기 중엽의 일이다. 이제 이집트 왕들은 메소포타미아를 비롯한 서아시아에서 눈을 떼면 언제라도 힉소스 인 같은 이민족의 지배를 받을 수 있음을 알게 되었다. 그래서 이때부터 서아시아 정세에 적극적으로 개입하기 시작했다. 시리아를 비롯한 동부 지중해 연안을 정복했고, 전쟁과 외교를 통해 서아시아에서 커다란 영향력을 행사했다.

기원전 14세기 중엽에 아멘호테프 4세는 태양신 아톤을 유일신으로 숭배해 이름을 아크나톤으로 바꾸고 도읍을 아마르나로 옮기는 등 종교 개혁을 추진했다. 아톤에 대한 신앙은 '아몬 레'를 비롯한 여러 신에 대한 박해로 이어졌다. 아크나톤이 죽자, 박해에 대한 반발이 터져 나와 종교 개혁은 중지되었다. 아크나톤의 아들 투탕카톤은 예전 신앙으로의 복귀를 선언하면서 이름을 투탕카멘으로 바꾸었다.

이집트는 제19 왕조인 람세스 왕조 때 전성기를 맞았다. 기원전

아부 심벨 신전의 람세스 2세 좌상

유네스코 세계문화유산인 아부 심벨 신전은 람세스 2세가 룩소르에 건립한 두 개의 신전이다. 아스완 하이 댐 건설로 수몰 위기에 처하자, 신전 전체를 60미터 위로 옮겼다. 4구의 람세스 2세 좌상은 높이 20미터가 넘는 초대형 조각으로, 고대 이집트 미술 작품 중에서 가장 장대한 작품 중 하나이다.

**아크나톤, 왕비 네페르티티,
투탕카멘의 황금 데스마스크
(왼쪽부터)**
아크나톤과 네페르티티는
태양신 아톤을 유일신으로
숭배하는 종교 개혁을
추진했다가 신관과 관료들의
반발로 실패했다. 두 사람의
아들 투탕카톤은 종교 개혁을
중지하고 예전 신앙으로
복귀하면서 이름을
투탕카멘으로 바꿨다.

13세기 중엽에 람세스 2세는 히타이트 제국 군대와 시리아의 카데시에서 맞붙었다. 팽팽한 접전 끝에 두 나라는 휴전을 맺었다. 이로써 이집트는 서아시아에 대한 영향력을 유지할 수 있었다.

서아시아에서 처음 시작된 철기 시대

람세스 2세와 카데시에서 자웅을 겨룬 히타이트는 어떤 민족이었을까? 히타이트는 세계에서 최초로 제철법을 발명한 민족으로, 우수한 철제 무기를 바탕으로 서아시아를 정복했다.

세계에서 최초로 철을 사용한 곳은 소아시아의 아나톨리아 고원이다. 기원전 3000년경부터 철을 사용했는데 자연에 존재하는 쇳덩이, 즉 자연철을 두드려 무기나 농기구를 만들어 썼다. 그런데 이 자연철은 특수한 지역에서만 나기 때문에 널리 퍼져 나갈 수 없었다.

그러다가 기원전 1500년경, 히타이트 인들이 철광석을 녹여 만드

소아시아는 는 아시아 대륙의
서쪽 끝, 지중해 동쪽에
있으며, 에게 해를 사이에 두고
발칸 반도와 마주하고 있다.
오늘날에는 터키 땅의 대부분이
여기에 속한다.

는 제철법을 고안해 내면서 철은 사람들이 가장 많이 쓰는 금속이 되었다. 바야흐로 철기 시대로 접어든 것이다.

철이 금속 가운데 가장 많이 쓰이게 된 것은 두 가지 특징 때문이었다.

첫째, 청동보다 훨씬 단단하고 질기다. 청동검과 철검이 맞부딪치면 청동검이 부러지거나 잘려 나간다. 청동제 무기를 가진 나라는 철제 무기를 가진 나라의 상대가 되지 않았다. 그뿐인가, 청동으로는 농기구를 만들지 못한다. 땅을 파면 몇 번 만에 깨지거나 부러진다. 하지만 철제 농기구는 끄떡없다. 철제 농기구로 땅을 깊게 갈면 작물이 뿌리를 깊게 내리고 양분도 많이 빨아들여 수확이 크게 는다. 수확이 늘면 인구가 늘고, 인구가 늘면 군사력도 강해진다.

둘째, 철은 구리보다 훨씬 흔하다. 값싸게 생산해 널리 보급할 수 있다. 군인들의 창과 칼, 화살촉, 투구, 갑옷, 방패는 물론 말 갑옷과 마차까지 모조리 철로 만들 수도 있다.

히타이트는 전차를 잘 썼는데, 병사를 태우고 적진을 빠르고 힘차게 돌파하곤 했다. 이 전차와 철제 무기의 힘으로 소아시아는 물론 지중해 동부의 시리아까지 차지해 제국으로 발돋움했다. 그렇게 세력을 확장해 나가다가 이집트에 이르러 람세스 2세에게 가로막힌 것이다.

히타이트는 제철법과 철제 무기 제작법을 철저히 비밀

히타이트의 제철법

철은 녹는점이 섭씨 1,538도라 구리의 녹는점 1,084도보다 훨씬 높다. 더욱이 구리와 주석의 합금인 청동을 만들 때 아연을 조금 넣어 주면 녹는점이 800도 이하로 내려간다. 철광석에서 탄소가 거의 없는 연철을 얻을 때는 녹는점이 1,150도 정도로 내려가기는 하지만, 청동을 만들 때보다 여전히 400도 가까이 높은 온도다. 문제는 온도를 이렇게 올리기가 결코 쉽지 않다는 데 있다.

히타이트 인들이 고안한 제철법의 핵심은 크게 세 가지다. 첫째, 나무 대신 숯을 연료로 써서 1,200도 이상의 고온을 얻는다. 둘째, 벽돌로 가마를 만들어 그 안에 숯과 철광석을 차곡차곡 쌓아 불을 붙인다. 열 손실을 최소화하기 위해서이다. 셋째, 동물의 뼈나 조개껍데기, 석회석 등을 넣어 쇳물 속의 불순물을 없앤다. 무거운 쇳물은 가라앉고 쇠똥, 슬래그 같은 가벼운 찌꺼기는 뜨기 때문에 위에 뜬 찌꺼기를 빼낸 다음 가마를 부수면 쇳덩이만 얻을 수 있다.

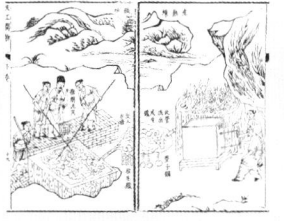

고대의 제철법
중국 명나라 송응성이 고대의 과학 기술을 그림과 곁들여 체계적으로 서술한 『천공개물』 속 제철법 그림이다.

에 부쳤다. 하지만 이들이 기원전 12세기경에 멸망하면서 제철법과 철제 무기 제작법은 서아시아와 북아프리카, 유럽, 중앙아시아, 인도, 중국으로까지 널리 퍼져 나갔다.

최초로 오리엔트를 통일한 아시리아

티그리스 강 상류에 자리 잡은 아시리아 인들은 땅이 비좁아 힘들게 살았다. 엎친 데 덮친 격으로 주변 여러 나라가 잇따라 침공해 원치 않는 전쟁을 치러야 했다. 이런 어려움이 아시리아라는 국가를 거대한 군사 조직으로 만들었다. 아시리아의 모든 성인 남성은 농사를 지으면서 군인으로도 복무해야 했다. 그래서 아시리아는 엄청난 규모의 군대를 가질 수 있었다.

우수한 철제 무기로 무장한 아시리아 군대는 전차와 기병을 앞세워 주변 여러 나라를 정복하기 시작했다. 아시리아 인들이 사용한 최고의 무기는 '공포'였다. 끝까지 저항하는 도시는 본보기로

아시리아 수도 니네베 북쪽 궁전 부조
아시리아는 상대편이 끝까지 저항하면 아예 도시 자체를 부숴 버린 다음, 저항한 자들을 산 채로 껍질을 벗겨 내던져 사람들을 공포에 질리게 만들었다. 공포를 이용한 아시리아의 통치 방식을 잘 보여 준다.

삼아 온갖 고문을 가해 모두 죽였다. 군인뿐만 아니라 민간인까지도 말이다. 그러고는 이들 시신을 아직 항복하지 않은 도시 앞에다 늘어놓았다. 이렇게 죽지 않으려면 알아서 미리 항복하라는 이야기였다.

아시리아 인들은 전쟁에서 이기면 약탈한 전리품을 군대의 계급에 따라 배분했다. 그래서 높은 계급의 귀족들은 더 많은 전리품을 노리고 계속 전쟁을 벌여 나갔다. 기원전 7세기경, 아시리아는 마침내 바빌로니아와 이집트까지 정복하고 오리엔트를 최초로 통일했다.

그런데 '공포'가 전쟁 수단을 넘어 통치 수단으로 확대되면 어떤 일이 벌어질까? 아시리아의 예는 이것을 잘 보여 준다. 아시리아는 정복당한 나라의 전쟁 포로들을 노예로 삼았다. 이들에게는 무거운 족쇄를 채우고 도로나 운하, 궁전 등의 건설 현장에서 죽을 때까지 가혹하게 일을 시켰다. 또한 정복당한 나라의 백성들도 농노로 삼아 농사를 짓도록 한 다음, 수확물 대부분을 빼앗았다.

전쟁도 하지 않고 항복한 나라는 제후국으로 삼아 왕권과 통치 제도는 보존해 주었다. 다만 해마다 엄청난 공물을 바치게 했고, 공물을 바치지 못하면 군대를 보내 응징했다.

사람들은 자신과 가족, 이웃이 계속 살 수만 있다면 아무리 가혹한 지배라도 받아들인다. 저항했다가 자칫 잘못되면 자신은 물론이고 가족과 이웃의 목숨까지 위태로워지기 때문이다. 하지만 누구도 더는 배겨 내지 못할 만큼 지배와 수탈이 가혹하다면 이야기는 달라진다. 이래 죽으나 저래 죽으나 마찬가지라는 생각이

오리엔트는 '해가 뜨는 곳', 즉 동방 세계라는 의미이다. 이집트를 포함한 서아시아와 북아프리카를 가리키는데, 유럽에서 봤을 때 동쪽에 있어서 이런 이름이 붙었다.

든다. 그동안의 치욕을 씻고 원수도 갚을 수 있으니 차라리 저항을 택하겠다는 생각이 커진다. 혹시 아는가, 저항이 성공해 지긋지긋한 굴레에서 벗어나게 될지.

아시리아가 정복한 지역들에서 바로 그런 분위기가 무르익었다. 곳곳에서 크고 작은 저항이 끊이지 않았다. 아시리아는 그때마다 군대를 보내 가혹하게 진압했지만, 저항의 불씨는 사그라지지 않았다. 결국 아시리아는 귀족들의 내분과 여러 민족의 저항이 겹치면서 서아시아를 통일한 지 100년도 되지 않아 멸망했다.

그동안 폭압에 신음하던 여러 민족은 아시리아의 도읍과 주요 도시들을 철저히 파괴해 흔적조차 남기지 않았다. 아시리아 인들도 대부분 죽이거나 노예로 삼았다. 이 때문에 아시리아에 관한 모든 것이 흔적도 없이 사라지고 말았다.

인더스 문명

오늘날 페르시아 만의 아랍에미리트연합이나 바레인에서는 기원전 2000년경에 만들어진 것으로 보이는 물건들이 많이 나온다. 홍옥수 목걸이, 진흙을 구워 만든 작은 조각상이나 인더스 문자가 새겨진 도장 등이 그것이다. 이들 유물은 메소포타미아에서 무려 2,000킬로미터나 떨어진 인더스 강 유역에서 만들어진 것이다. 당시 메소포타미아와 인더스는 바닷길을 통해서 활발히 교역했는데, 인더스에서는 주로 값비싼 목재와 면화, 홍옥수 따위 보석을 수출하고 메소포타미아에서는 목재 가공품을 수출했다.

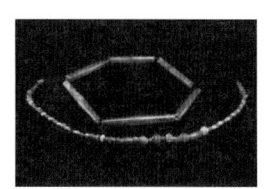

홍옥수 목걸이
옥수는 석영이 변해서 이루어진 광석이다. 붉은 색을 띠는 이 목걸이는 페르시아 만 지역에서 나온 것으로, 인더스 문명과 메소포타미아 문명의 해상 교류를 보여 준다.

기원전 2500년경 고대 인도인들은 그물망처럼 촘촘한 물길을 놓고 인더스 강물을 끌어들여 밀과 보리, 콩, 겨자, 참깨, 면화 등을 길렀다. 물길 주변에는 자연스럽게 수많은 도시 국가가 들어섰다. 이들 도시 국가 중 가장 크고 유명한 것이 하라파와 모헨조다로이다.

이 국가들은 철저한 도시 계획에 따라 성을 쌓고 그 안에다 도로, 공중목욕탕, 배수 시설, 곡식 창고, 집 등을 반듯하게 지었다. 개인의 집은 2층 이상으로 욕실과 화장실이 있었고, 때로는 수세식 화장실도 있었다. 무려 4,500년 전에 요즘처럼 욕실과 수세식 화장실을 갖춘 2층 이상의 집을 지은 것이다. 건축 재료는 진흙을 구워 만든 벽돌이었다.

이것으로 세 가지 사실을 추론할 수 있다. 첫째, 개인의 집까지 이렇게 지었다는 것은 이들이 얼마나 풍요롭게 살았는지를 보여 준다. 둘째, 완벽한 상하수도 시설은 물 관리 능력이 얼마나 탁월했는지 알려 준다. 셋째, 가마에서 구운 진흙 벽돌은 이 지역이 예전에는 지금처럼 건조 기후가 아니라 습윤 기후를 띠었다는 것을 드러낸다. 인도 중남부처럼 열대 우림이 무성했을 것이며, 거기서 얻은 장작으로 진흙 벽돌을 구웠다는 이야기가 된다. 진흙을 구워 만든 도장에는 호랑이나 코끼리, 코뿔소, 물소 등이 새겨져 있는데 이 역시 또 다른 증거이다.

둘레 5킬로미터가 넘는 성벽을 쌓은 모헨조다로와 하라파는 다른 100여 개의 도시와 마을 유적보다 훨씬 크다. 이는 모헨조다로와 하라파가 이들 지역을 통합한 국가의 도읍이었을 가능성을 시

코끼리를 새긴 인장
진흙을 구워 만든 이런 도장은 당시 인더스 강 유역이 습윤 기후를 띠었음을 보여 준다.

모헨조다로 유적
대목욕탕과 주변 건물들 뒤로
불탑이 보인다. 모헨조다로
유적은 고대 인도인들이 진흙을
구워 만든 벽돌로 모든 건물을
쌓았음을 보여 준다.

사한다.

당시 인더스 강 유역이 습윤 기후를 띠었다면 홍수로 인한 범람의 피해가 상상할 수 없을 만큼 컸을 것이다. 그 피해를 막지 못하면 사람들은 살 수 없었을 것이고, 그래서 강력한 중앙 집권적 국가가 탄생했을 것이다. 수많은 사람을 하나로 묶어야 하기 때문이다.

고대 인도인들은 홍수로 인한 범람을 막기 위해 인더스 강의 본류와 지류 양편에 높고 튼튼한 둑을 쌓았다. 아울러 도시 둘레에도 높고 튼튼한 성벽을 쌓았다. 성벽은 평상시에는 적의 침공을 막아 주었고, 홍수가 나면 강물이 도시 안으로 들어오지 못하도록 해 주었다.

고대 인도인들은 풍요와 다산을 상징하는 여러 신을 숭배했는

로탈의 부두
벽돌로 부두를 쌓고 강물을 끌어들여 도시로 직접 물건을 실어 날랐다. 인더스 강 하구의 로탈은 메소포타미아 여러 도시들과 활발하게 교역한 도시 국가였다.

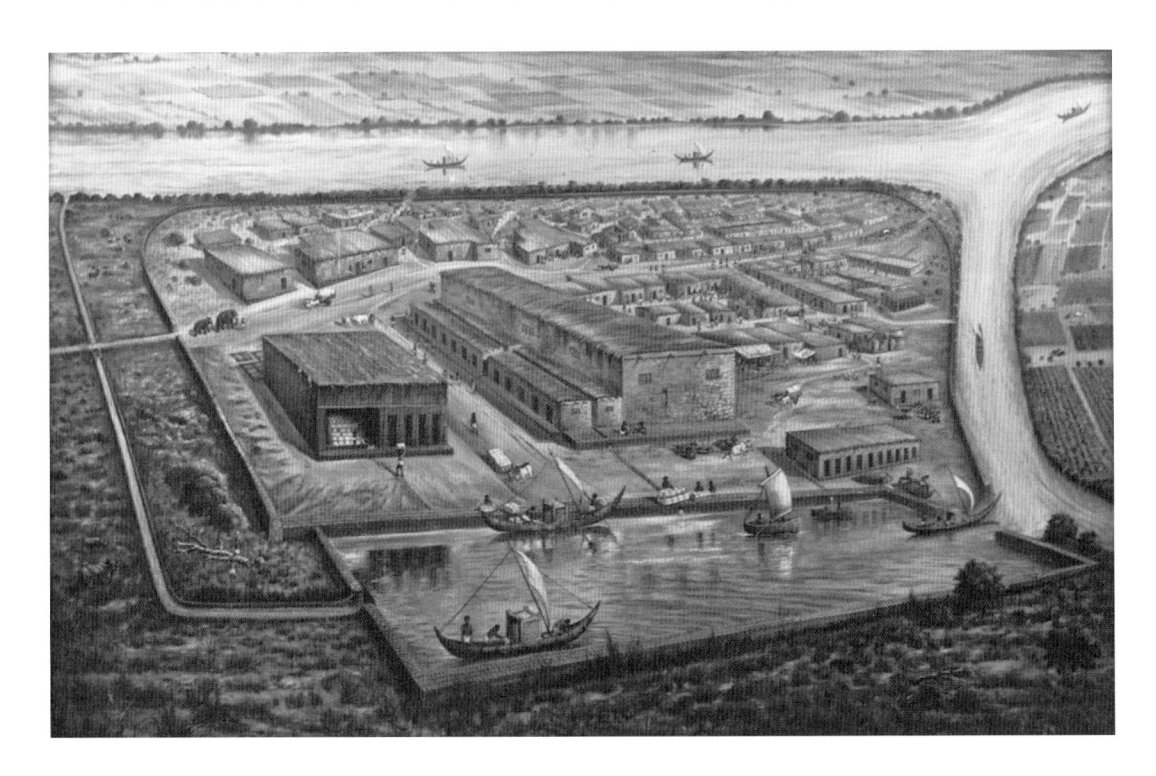

데, 신에게 제사를 드리는 제사장은 신분이 매우 높았다. 이들은 신이나 동물, 바퀴 달린 장난감 따위 토우(진흙 인형)를 남겼는데, 소박하지만 역동적인 아름다움을 느낄 수 있다. 또 석회암이나 청동으로 만든 조각상도 발굴되는데, 세련된 아름다움을 담고 있다. 신분이 높은 사람들을 위해 주문 제작되었음을 알 수 있다.

인더스 조각상
왼쪽의 제사장상은 석회암으로, 오른쪽의 춤추는 소녀상은 청동으로 만들었다.

이들은 상형 문자인 인더스 문자를 만들어 썼는데, 아직 완벽하게 해독하지는 못하고 있다.

그토록 번영을 누리던 인더스 문명은 갑작스레 쇠퇴의 길을 맞이했다. 지각 변동이 발생하여 인더스 강 물길이 바뀐 것이다. 기원전 1800년경의 일이다. 어느 곳은 대홍수로 물에 잠겨 큰 피해를 봤고, 어느 곳은 물길이 끊겨 농사를 지을 수 없었다.

쇠퇴하기 시작한 인더스 문명에 치명타를 날린 것은 아리아 인이었다. 중앙아시아 초원 지대에서 유목 생활을 하던 아리아 인들은 기원전 1500년경 인더스 강 유역으로 남하했고, 이들의 공격으로 인더스 문명은 멸망했다.

아리아 인이 중심인 오늘날의 인도인과는 달리 고대 인도인들은 피부색이 검은 드라비다 인으로 추정된다. 드라비다 인은 인도 중남부에 많이 살며, 인도 북부에도 일부가 살고 있다. 고대 인도인 대부분은 아리아 인에게 정복되어 노예가 되었고, 일부는 인도 남쪽으로 피신해 자신들의 문화를 지켜나갔다. 인도 북서부를 정복한 아리아 인은 고대 인도인들을 다스리기 위해 카스트라고 하는 독특한 신분 제도를 만들었다.

황허 문명

황허 문명은 기원전 2500년경, 중국인들이 황허 강 유역의 치수 사업을 통해 발전시킨 문명이다. 기원전 2500년경이니 메소포타미아 문명보다는 500년가량 늦다. 그렇지만 다른 문명의 영향을 받지 않고 독자적으로 생겨났다는 점에서, 지금도 중국과 동아시아 문화의 뿌리로 작용하고 있다는 점에서 매우 중요하다.

황허 강
황토 고원 지대를 지나면서 강물이 누렇게 변해 황허 강이라는 이름이 붙었다. 산시(山西) 성 호구폭포의 모습이다.

중국 중북부를 관통하여 흐르는 황허 강은 중국에서 양쯔 강 (6,300킬로미터) 다음으로 긴 강이다. 황허 강 중·상류의 황토 고원 지대에서 흘러내린 황토가 쌓여 중·하류에 드넓은 평야 지대가 펼쳐진다. 황토는 토양 사이에 빈틈이 많아 식물이 숨쉬기 좋은 데다 나무로 된 농기구로도 쉽게 농사를 지을 수 있고 땅이 매우 기름져 농사가 잘됐다.

중국인들은 약 1만 년 전부터 황허 강 중·하류 유역의 평야 지대에서 조, 수수, 피, 기장 등을 재배하기 시작했다. 황허 강의 본류 유역은 잦은 홍수로 사람이 거의 살 수 없었다. 사람들이 농사를 지으면서 문명을 일으킨 곳은 황허 강 지류 유역의 야트막한 구릉지였다.

중국인들은 신석기 시대 후기인 기원전 5000년경부터 기원전 2500년경까지 황허 강 중류에서 합류하는 지류인 웨이허 강 유역을 중심으로 양사오 문화를 이루었다. 지금의 산시(陝西) 성과 허난 성, 산시(山西) 성에 이르는 드넓은 지역이다. 이들은 조와 기장을 재배하고 돼지를 길렀으며, 정교한 간석기와 무늬가 그려진 채도(칠무늬 토기)를 만들어 썼다. 같은 핏줄인 씨족 집단이 마을을 이루고 살았는데, 마을 주변에 목책을 두르고 해자를 파 다른 무리의 습격에 대비했다.

기원전 2500년경에서 기원전 1700년경까지는 양사오 문화를 대신해 룽산 문화가 번성했다. 지금의 허난 성에서 안후이 성, 산둥 성에 이르는 지역이다. 이곳에서는 물레를 써서 회도와 흑도 등 우수한 토기를 만들었다. 룽산 문화를 만든 중국인들은 동물의

삼 무늬를 새긴 채색 도기
기원전 4800년경에 만들어진 채색 도기로, 산시(陝西) 성 시안 시 반포 유적에서 출토되었다.

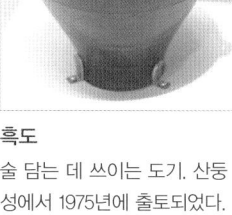

흑도
술 담는 데 쓰이는 도기. 산둥 성에서 1975년에 출토되었다.

뼈를 불에 달궈 생기는 잔금을 보고 미래를 점쳤다.

룽산 문화 말기에 들어서면서 중국에서도 청동기 시대가 시작되었다. 청동기 문화를 바탕으로 중국인들이 세운 최초의 국가가 하나라이다.

중국 최초의 국가, 하나라

황허 강 중·하류 유역의 평야 지대는 땅이 드넓고 기름진 데다 물을 대기 쉬워 농사가 잘됐다. 하지만 아무리 농사를 잘 지으면 뭐하겠는가. 홍수로 강물이 범람하면 애써 기른 작물이 모두 쓸려 내려가 꼼짝없이 굶어 죽는걸. 황허 강은 유달리 홍수가 잦았다. 무리의 운명이 홍수로 인한 범람을 막느냐 막지 못하느냐에 달렸다.

황허 강과 같이 큰 강의 범람을 막으려면 수만 명에서 수십만 명의 노동력이 필요하다. 그러려면 노동력을 효과적으로 동원하고 관리하는 조직이 있어야 하는데, 그런 필요에서 국가가 탄생했다. 중국 최초의 국가인 하나라의 탄생에는 다음과 같은 이야기가 전

우를 기리는 동상
하나라 치수 공사 총감독인 우의 동상으로, 쓰촨 성 원촨 시에 세워져 있다.

해 내려온다.

중국을 다스린 전설적인 지도자인 삼황오제 중 '요'와 '순' 때의 일이다. 당시 중국은 홍수가 잦아 많은 사람이 죽고 농작물이 떠내려가는 등의 큰 피해가 반복됐다. 심지어 요 때에는 홍수가 9년이나 계속되었다. 요는 '곤'에게 황허 강의 치수를 맡겼는데, 곤은 하늘나라에서 '식양'을 훔쳐 황허 강 양쪽에 뿌렸다. 식양은 저절로 불어나는 마법의 흙이다. 어느덧 황허 강 양쪽에는 높고 튼튼한 둑이 쌓였다. 하지만 하늘나라를 다스리는 천제의 노여움 탓인지 그 둑만으로는 홍수를 막을 수 없었다.

요의 뒤를 이은 순은 직접 치수 현장을 둘러보고는 곤을 내쫓고, 그 자리에 곤의 아들인 '우'를 앉혔다. 우는 황허 강이 흐르는 물길과 주변 지형을 꼼꼼하게 살펴보았다. 그런 다음, 아버지 곤처럼 무턱대고 둑을 쌓은 게 아니라 전혀 새로운 방법을 제시했다. 강 양쪽에 높고 튼튼한 둑을 쌓되, 물길이 가로막혀 굽이쳐 흐르는 곳은 물길을 곧게 새로 내 막힌 물꼬를 터주는 식으로 공사한 것이다.

얼마 뒤 큰비가 내렸다. 사납고 거센 물살이 둑을 무너뜨릴 듯 흘러들었다. 사람들은 높은 곳으로 대피한 채 강물이 빠르게 차오르는 모습을 가슴을 조이며 지켜보았다. 하지만 강물은 삽시간에 하류로 빠져나갔다. 홍수를 막는 데 성공한 것이다.

고대 중국의 전설적 지도자 삼황오제

삼황오제는 고대에 중국을 다스린 청동기 시대의 전설적인 지도자인데, 이들을 소개한 책마다 이름이 조금씩 다르다. 예를 들어 『십팔사략』에서는 태호 복희씨·염제 신농씨·황제 헌원씨를 3황, 소호·전욱·제곡·요·순을 5제라 하였다. 그런데 『사기』에서는 천황·지황·태황을 3황, 황제·전욱·제곡·요·순을 5제로 기록하고 있다. 이는 숫자를 미리 맞춰 놓고 지도자들을 골라 넣었기 때문이다.

전설에 따르면 태호 복희씨는 그물을 만들어 고기 잡는 방법을 가르쳤고, 염제 신농씨는 농사와 의술을 가르쳤다. 그리고 황제 헌원씨는 탁록이라는 곳에서 치우와 싸워 이김으로써 황허 강 유역 전체를 차지했다. 요와 순이 다스리던 요순 시대는 사람들이 풍요롭게 살면서도 도덕을 지키던 시대로, 중국인들에게 태평성대의 대명사가 되었다.

황허 강 치수 공사가 성공하자, 순은 우를 곁에 두고 자신이 어떻게 다스리는지 지켜보게 했다. 우를 후계자로 삼은 셈이다. 순이 죽은 뒤, 우가 뒤를 이었다. 공사 총감독이 마침내 왕위에 오른 것이다.

우는 요나 순과 달리 아들인 '계'를 후계자로 삼았다. 그때부터 우의 후손들만 왕위에 오를 수 있게 되었다.

우가 세운 나라가 중국 최초의 국가인 '하'인데, 산시 성 서남부와 허난 성 서북부에 걸쳐 있었다. 하나라는 그동안 전설로만 여겨져 왔다. 그런데 최근 허난 성 옌스 현 얼리터우에서 성벽에 둘러싸인 궁궐 유적지와 청동기, 문자가 발굴되면서 실제로 존재했음이 입증되었다. 중국 역사학계에서는 여러 가지 증거를 들어 하나라가 기원전 2070년부터 기원전 1600년경까지 존재했다고 주장하고 있다.

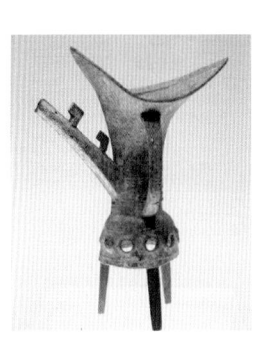

세 발 주전자
제의용으로 만든 청동기로,
기원전 1800년경의 작품이다.

하나라의 뒤를 이은 은나라와 주나라

하나라 제17대 왕 '걸'은 정복 군주를 꿈꾸며 주변의 여러 도시 국가들을 공격했다. 그중에는 유시라는 국가도 있었다. 걸이 유시를 매섭게 공격해 피해가 커지자, 유시에서는 매희라는 미녀를 진상했다. 걸은 매희에게 빠져 나랏일은 뒷전으로 하고 날마다 잔치를 벌였다. 매희는 걸을 부추겨 궁전을 사치스럽게 치장하고 미녀들을 모아들이게 했다. 한 걸음 더 나아가 연못에 술을 채우고 나무에 고기를 매달아['주지육림(酒池肉林)'이란 말이 여기에서 유래했다] 국

황허 강이 워낙 길다 보니 치수 공사도 무척 오래 걸렸다. 우는 공사 총감독으로 13년을 일했는데, 그동안 공사 보고를 위해 도읍에 세 차례 올라왔지만 집에는 한 번도 들르지 않았다. 높은 자리에 있는 자신이 보고를 핑계로 집에 들르면 아랫사람들도 집에 가고 싶어질 것이고, 그러면 공사가 더뎌질 수밖에 없다는 생각에서였다.

고를 탕진하게 만들었다.

불어난 세금 부담으로 백성들의 원성이 높아진 것은 당연한 결과였다. 그러자 제후 중 한 명인 '탕'이 여러 제후와 힘을 합쳐 군사를 일으켰다. 탕은 걸을 내쫓고 은(상)나라를 세웠다. 은나라는 기원전 1600년경부터 기원전 1046년경까지 황허 강 중·하류 유역을 다스렸다.

은나라는 왕이 정치와 제사를 함께 주관하는 제정일치 사회였다. 전쟁과 같이 중요한 나랏일이 있을 때는 점을 쳐서 결정했다. 거북의 배딱지나 동물의 뼈에다 검은색이나 붉은색 칠을 하고 날카로운 꼬챙이로 글자를 새긴 뒤, 불에다 달군다. 그러면 자잘한 금이 생기는데, 그 금이 간 모양을 보고 점을 쳤다. 룽산 문화의 흔적이다. 이때 사용된 글자를 갑골 문자라고 하며, 한자의 모체가 되었다.

갑골 문자와 갑골갱
왼쪽의 갑골 문자는 점을 치기 위해 거북의 배딱지나 동물의 뼈에 새긴 글자로, 한자의 모체가 되었다. 오른쪽은 상의 수도였던 안양 현 샤오둔춘의 은허에서 발굴한 갑골갱으로, 갑골 문자를 새긴 갑골이 무더기로 나왔다.

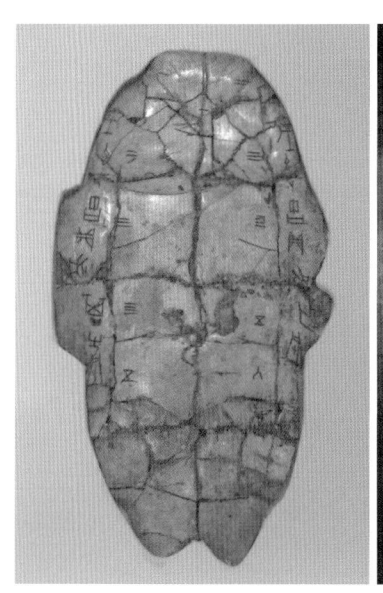

공교롭게도 은나라의 최후는 하나라와 무척 비슷하다. 기원전 11세기, 은나라의 제31대 왕 '주'는 미녀 달기에게 빠져 나랏일은 뒷전으로 하고 사치와 향락을 일삼느라 국고를 탕진했다.

은나라의 서쪽 변경인 산시의 위수 분지에는 주나라라는 제후국이 있었다. 주나라의 무왕은 군사 태공망의 치밀한 전략에 따라 은나라의 변경을 지키는 여덟 제후국과 손잡고 은나라를 공격했다. 결국 주는 궁궐에 불을 질러 스스로 목숨을 끊었다.

은나라를 멸망시킨 주 무왕은 호경(오늘날의 시안 부근)을 도읍으로 삼고 중국 중북부를 다스렸다. 주나라는 도읍 부근의 땅만 왕이 직접 다스리고, 나머지 영토는 일족과 공신들에게 나누어 주어 대신 다스리도록 했다. 이를 봉건 제도라 한다.

주 **무왕**이 은 주왕을 몰아낸 이야기는 수많은 전설을 낳았다. 명나라 때 이들 전설을 바탕으로 만들어진 고전소설이 「봉신연의」이다.

똑똑하게 정리하는

착착 마인드맵

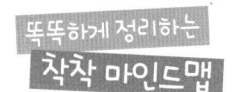

세계 4대 문명

- **이집트 문명**
  - 나일 강, 물 관리 체계
  - 수백 개의 소국 → 상하 이집트 통일
  - 태양신 라(레)와 파라오
  - 신성 문자 ··· 태양력 ··· 피라미드 ··· 미라

↕ 교류, 전쟁

- **메소포타미아 문명**
  - 티그리스 · 유프라테스 강, 물 관리 체계
  - 수메르 인과 달의 신
  - 쐐기 문자 ··· 태음력 ··· 지구라트
  - 서아시아 변천사
    - 힉소스 → 히타이트 (최초의 철기 문명) → 아시리아 (서아시아 통일 ··· 공포정치) → 아케메네스 왕조 페르시아

↕ 교역

- **인더스 문명**
  - 인더스 강, 물 관리 체계
  - 모헨조다로, 하라파

- **황허 문명**
  - 황허 강, 물 관리 체계 ··· 하 우의 치수 공사
  - 3황 5제 → 하 → 은(상) → 주
  - 갑골 문자 ··· 한자의 모태

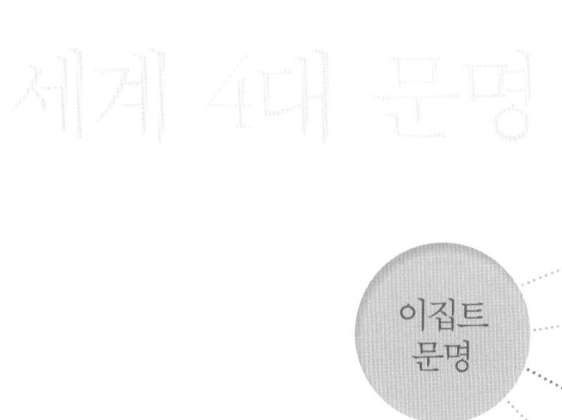

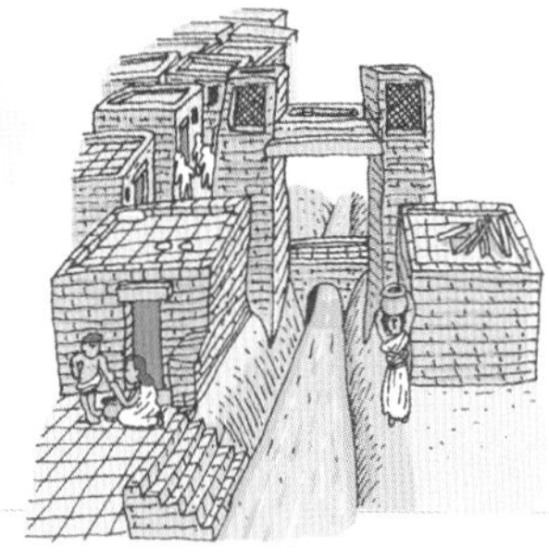

제2부
지역을 통일한 제국의 등장

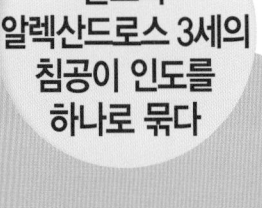

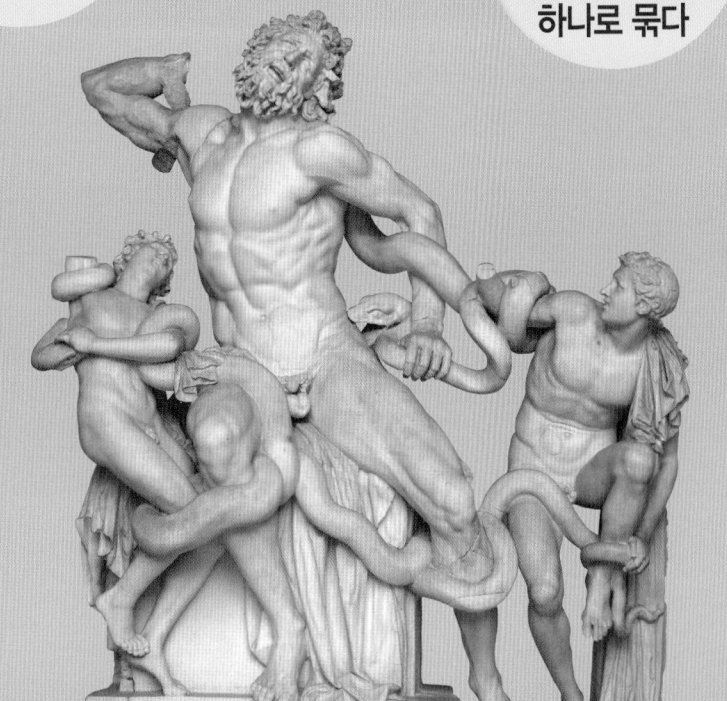

지 중해에서는 고대 그리스의 도시 국가들이 해상 무역을 바탕으로 인간 중심의 그리스 문명을 꽃피웠다. 포에니 전쟁으로 지중해의 패권을 차지한 고대 로마는 북아프리카, 서아시아, 유럽에 걸친 대제국을 건설했다. 콘스탄티누스 1세는 크리스트교를 공인해 유럽 문화권의 기틀을 닦았다. 아케메네스 왕조와 파르티아, 사산 왕조가 서아시아를 통일해 유럽과 대립하였고, 마우리아 왕조와 쿠샨 왕조가 인도 북부를 통일하고 불교를 널리 전파했다.

중국은 춘추 전국 시대의 혼란을 거쳐 진·한이 통일 제국을 건설하였다. 이로써 한자와 유교를 바탕으로 한 동아시아 문화권이 만들어졌다.

기원전 264년

8
도시 국가 로마가 대제국으로 성장하다

기원전 221년

9
진·한이 중국을 통일하다

기원전 138년

10
비단길이 동서를 잇다

313년

11
로마의 쇠퇴가 크리스트교를 꽃피우다

4 에게 해에서 유럽 문명이 싹트다

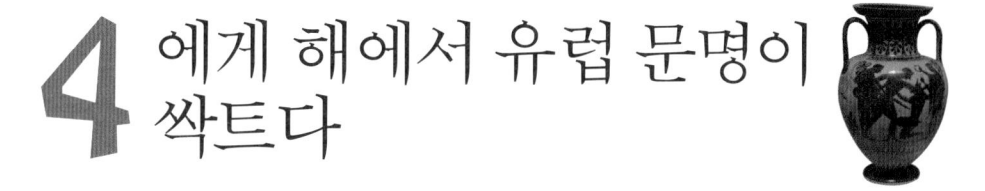

기다려라! 우리가 간다!

곧 우리의 시대가 온다고!

미케네 문명

해군 국가 아테네

크레타 문명

육군 국가 스파르타

지중해 교역을 통해 성장한 크레타 문명은 발칸 반도 북부에서 남하한 아카이아 인들에게 무너졌다. 아카이아 인들은 트로이 전쟁을 통해 지중해 교역을 장악하고 미케네 문명을 꽃 피웠지만, 철기로 무장한 도리아 인들에게 파괴되고 만다. 도리아 인들은 기원전 800년경에 수백 개의 도시 국가를 만들었는데 이들 도시 국가의 대표가 바로 아테네와 스파르타였다.

유럽 최초의 문명이 일어난 섬, 크레타

메소포타미아와 이집트에서 세계 최초의 문명이 활짝 꽃피고 있을 때, 유럽에서도 최초의 문명이 에게 해의 푸른 물살을 헤치며 모습을 드러냈다.

에게 해는 지중해 동쪽 끝에 있는 바다로, 서쪽의 발칸 반도 끝자락 그리스와 동쪽의 소아시아 반도 사이에 있다. 남쪽은 크레타 섬이 경계를 이루며, 북쪽으로는 보스포루스 해협을 통해 흑해와 이어진다. 이 지역은 바다를 통해 소아시아 반도와 지중해 동부 연안, 이집트 북부 해안과 이어져 있기 때문에 메소포타미아와 이집트로부터 갖가지 문물을 받아들이기 쉬웠다. 이러한 지리적 이점으로 이 지역에서 유럽 최초의 문명이 탄생한 것이다.

에게 해 주변에서 발달한 문명을 에게 문명이라고 하는데, 이 중 가장 먼저 일어난 것이 크레타 섬의 크레타 문명이다.

크레타 섬은 여름에는 덥고 건조하며 겨울에는 따뜻하고 비가 많이 오는 전형적인 지중해성 기후를 띠었다. 더욱이 토양도 기름져 농사짓기에 매우 좋았다. 보리, 밀, 포도, 올리브 등이 주요 작물이었다. 살기 좋은 풍토에 수확량도 풍성하여 인구가 빠르게 늘어났다.

크레타 섬은 제주도의 4.5배로 비교적 큰 섬이다. 그렇지만 인구가 계속 늘어났기에 식량을 확보하려면 뭔가 다른 일을 해야 했다. 그래서 택한 것이 해상 무역이었다. 크레타 인들은 그리스 본토나 소아시아 반도, 지중해 동부 연안, 이집트 등지와 활발한 교역

크레타 문명 기원전 3000년경, 소아시아 반도에 살던 사람들이 배를 타고 바다를 건너 크레타 섬으로 들어왔다. 이들은 청동기 제작 기술, 전차 기술, 동물 및 여신 숭배 신앙 등을 가지고 들어왔다.

을 했다. 포도주와 올리브유, 바다표범 가죽, 도자기, 보석 및 금속 세공품을 수출하고 밀을 비롯한 식량과 금속 제품을 수입했다.

크레타 인들이 장사에 능했던지 취급하는 물량이 갈수록 늘어났다. 원활한 거래를 위해서는 장부에 기록을 해야 했기 때문에 이들은 이집트 신성 문자를 바탕으로 선형 문자라는 독특한 문자를 발명했다.

기원전 2000년경이 되자 강력한 왕이 등장하여 여러 도시에 흩어져 살던 크레타 인들을 하나로 묶어 전성기를 맞았다. 크레타 인들이 발명한 문자를 아직 해독하지 못했기 때문에 이 왕의 이름은 알 수 없지만, 그리스 신화에 나오는 크레타 왕의 이름 미노스를 따서 편의상 '미노스 왕'이라고 부르고 있다. 아예 미노스의 이름을 따서 크레타 문명을 미노아 문명이라고 부르기도 한다.

크레타 왕은 소아시아와 지중해 동부 연안, 이집트와 마찬가지로 거대한 관료 조직을 이끌며 절대 권력을 휘둘렀다. 도자기와 보석 및 금속 세공품을 만드는 공방은 물론, 해상 무역용 대형 선박들과 대외 무역 상단을 국가가 소유하고 치밀하게 관리했다.

크레타 인 대부분은 자유롭고 풍요롭게 살았다. 여성은 남성과 평등한 지위를 누렸는데, 고대 지중해 세계 어디에서도 볼 수 없는 여성 투우사나 여성 권투 선수까지 있었다.

유럽의 어원이 된 에우로페

꽃을 따라 온 페니키아 공주 에우로페(Europe, 유럽이라는 단어가 여기에서 나왔다)의 아름다운 모습에 반한 제우스는 하얗고 멋진 황소로 변한 뒤 에우로페에게 다가가 그 옆에 얌전히 엎드렸다. 에우로페가 등에 올라타자 갑자기 달리기 시작한 황소는 바다로 뛰어들더니 크레타 섬까지 헤엄쳐 갔다. 에우로페가 미노스를 비롯한 세 형제를 낳자, 제우스는 크레타 왕 아스테리온에게 이들을 맡겼다.

아스테리온은 삼 형제 중 누구를 후계로 삼을지 고민했다. 미노스는 포세이돈에게 기도를 올렸고, 포세이돈은 선택의 징표로 하얗고 멋진 황소를 보내 주었다. 아스테리온은 황소를 보고 미노스에게 왕위를 물려주었다.

그런데 황소가 탐난 미노스는 제물로 바쳐야 할 황소를 몰래 빼돌렸다. 화가 난 포세이돈은 왕비 파시파이를 황소와 사랑에 빠지게 해 소 머리에 사람 몸을 한 미노타우로스를 낳게 했다. 미노스 왕은 손재주의 달인 다이달로스에게 라비린토스라는 지하 미궁을 짓게 한 뒤 미노타우로스를 거기에 가두었다.

에우로페의 납치
장-밥티스트 피에르 마리가 1750년에 그렸다.

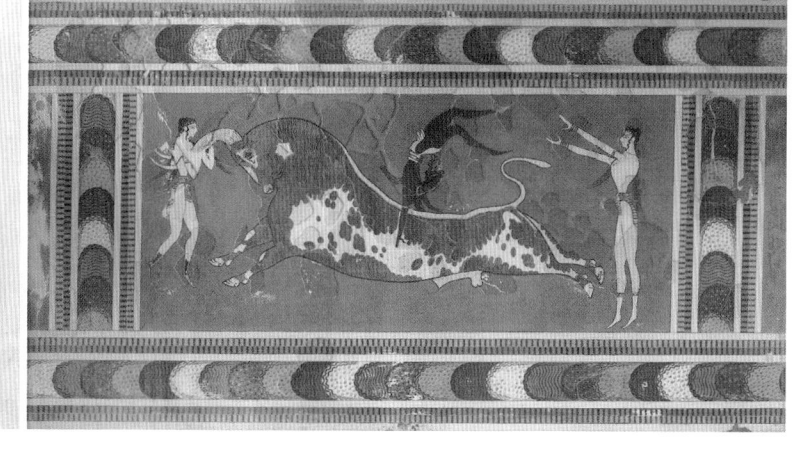

크레타 인들은 화려하고 평화로우며 세련되고 개방적인 문화를 발전시켰다. 이들의 밝고 자유로우며 생동감 넘치는 기질은 크노소스 궁전 유적과 궁전 벽화를 통해 잘 드러난다. 크노소스 궁전은 생활상의 편의를 위해 계속 확장했기 때문에 매우 산만해 보인다. 그렇지만 잘 짜인 형식미보다는 실내 공간을 안락하고 쾌적하게 만드는 실용성을 추구했다는 점에서 오늘날의 건축 양식과 비슷하다.

크레타 문명은 몇 차례의 화산 폭발과 지진으로 쇠퇴해 갔다. 기원전 1400년경에는 그리스 본토에서 건너온 아카이아 인들이 크레타 섬을 지배한 것으로 보인다.

크노소스 궁전 터에서 나온 프레스코 화 파편과 복제품
크노소스 궁전 벽면에는 아름다운 프레스코 화가 그려져 있는데, 놀라울 만큼 현대적인 미적 감각을 보여 준다. 왼쪽은 크레타 여인의 모습을 그린 프레스코 화 파편인데, 크노소스 궁전의 모든 프레스코 화는 벽체와 함께 이라클리온 고고학 박물관으로 옮겨 보관하고 있다. 오른쪽은 소와 싸우는 여성 투우사들의 모습을 그린 프레스코 화(복제품)인데, 크노소스 궁전 벽면에는 프레스코 화의 복제품을 다시 그려 전시하고 있다.

아카이아 인들이 건설한 미케네 문명

기원전 2000년경에는 청동기를 쓰는 북방의 아카이아 인들이 발칸 반도로 남하했다. 이들은 초원 지대를 떠돌아다니며 가축을 기르는 유목 민족이라 매우 거칠고 호전적이었다. 유목 민족답게 말과 전차를 잘 몰았으며, 그 강력한 파괴력을 이용해 그리스 본토의 원주민들을 정복해 나갔다. 그들은 그리스 본토 곳곳에 도시 국가들을 건설했는데 가장 강한 나라가 펠로폰네소스 반도의 미케네였다. 그래서 아카이아 인을 미케네 인으로, 이들이 만든 문명을 미케네 문명이라고 부른다.

크레타 문명이 화려하고 평화로우며 섬세하다면 미케네 문명은 소박하고 호전적이며 남성적인 게 특징이다. 크레타 섬의 크노소스 궁전이 확 트인 개방적인 구조라면, 미케네의 궁전은 전쟁에 대비해 큰 돌로 쌓아 올린 튼튼한 성곽 안에 요새처럼 웅크리고 있는 폐쇄적인 구조이다.

크레타 섬을 차지한 아카이아 인들의 다음 목표는 키클라데스 제도와 소아시아 반도였다. 아카이아 인들은 그리스 본토 동쪽을 탐험하기 시작해 크레타 인들이 세운 수많은 전초 기지를 하나씩 점령했다.

소아시아 반도에는 트로이 왕국이 있었다. 트로이는 유럽과 아시아를 잇는 전략적 요충지를 차지하고 해상 무역을 통해 부를 쌓고 있었다. 이 트로이 인들과 아카이아 인들 간에 해상 무역을 둘러싸고 갈등이 일어나더니 기원전 1250년경 트로이 전쟁으로 폭발했다.

전쟁에서 승리해 트로이를 정복한 아카이아 인은 그리스 본토와 크레타 섬, 소아시아 반도를 잇는 해상 무역으로 번영을 이루었다. 아카이아 인들은 크레타 인들이 사용한 선형 문자 A를 본떠 선형 문자 B를 만들어 상거래 장부 등 각종 기록을 남겼다.

하지만 기원전 1200년경에 철기로 무장한 도리아 인들이 북방에서 그리스 본토로 남하하면서 미케네 문명은 기원전 1100년경에 무너졌다.

도리아 인들이 아카이아 인들의 기록을 모두 파괴했기 때문에 트로이 전쟁의 전모에 대해서는 알 길이 없다. 다만 기원전 8세기 중엽에 고대 그리스의 시인 호메로스가 쓴 서사시 『일리아스』와 『오디세이아』를 통해 그 내용을 추측할 수 있을 뿐이다.

『일리아스』에 따르면, 트로이의 왕자 파리스가 스파르타 메넬라오스 왕의 아내 헬레네를 데리고 달아난 것이 시초였다. 메넬라오스의 형인 미케네 왕 아가멤논이 트로이를 치기 위해 그리스 본토의 도시 국가들을 끌어 모아 원정군을 조직했다. 이들이 그 유명한 아르고 원정대이다. 원정군은 트로이를 포위하고 공격을 퍼부었지만, 트로이는 동맹을 맺은 소아시아와 트라키아의 도움을 받아 그 공격을 막아 냈다. 오랜 원정으로 지친 원정군은 아가멤논

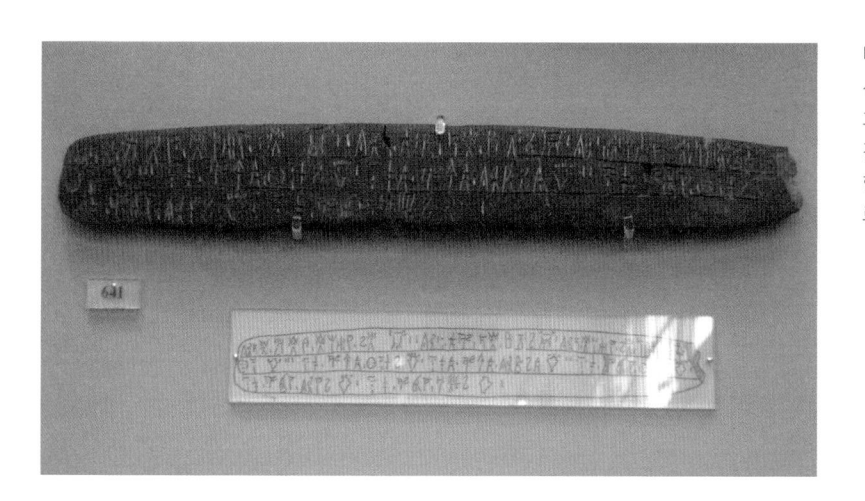

미케네의 선형 문자 B
선형 문자 B가 새겨진 점토판과 그것을 종이에 옮겨 적은 것. 선형 문자 B는 한 음절을 한 글자로 기록하는 음절 문자로 아카이아 인들이 썼다.

과 아킬레우스가 반목하는 등 내부 갈등으로 힘겨운 나날을 보내
야 했다.

전쟁 10년째, 트로이의 헥토르와 원정군의 아킬레우스가 전사하
면서 전쟁은 소강상태에 빠졌다. 결국 오디세우스가 꾀를 내어 커
다란 목마를 남겨 놓고 원정군은 철수하는 척했다. 트로이에서는
아테나 여신에게 제물로 바치려고 목마를 성 안으로 들여 놓았다.
밤이 되자 목마 안에 숨어 있던 군인들이 성문을 열었고, 원정군이
성 안으로 물밀듯이 밀려들어 왔다. 트로이는 철저히 파괴되었다.

19세기 말까지 사람들은 『일리아스』를 호메로스가 상상으로 빚
어낸 이야기일 뿐이라고 생각했다. 그렇지만 독일의 고고학자 슐
리만은 실제로 벌어진 역사적 사실을 반영하고 있다고 생각했다.
그는 이를 입증하고자 과감히 도전해 1873년에 트로이 유적을 발

하인리히 슐리만
독일의 고고학자로 트로이와
미케네 유적을 발굴했다.

굴하는 데 성공했다. 이로써 트로이 전쟁이 실제로 벌어진 역사적 사실임이 밝혀졌다.

슐리만은 3년 뒤인 1876년에는 미케네 유적을 발굴했다. 이 발굴을 통해 신화 속에 묻혀 있던 미케네 문명의 실체가 밝혀졌다. 기원전 14세기에 지어진 미케네 유적은 튼튼한 성벽으로 둘러싸인 요새 같은 성채이다. 언덕에 궁전이 있었는데 나중에 신전으로 바뀌었다. 성문 위에 두 마리 사자를 새긴 사자문과 돌로 쌓은 거대한 원형 무덤 등이 유명하다.

그리스에서 발달한 폴리스

도리아 인들은 미케네 문명을 철저히 파괴했다. 도시는 무너져 폐허로 남았고, 아카이아 인들이 남긴 기록은 대부분 사라졌다. 기원전 800년경 그리스 곳곳에 도시 국가를 만들 때까지 도리아 인들은 원시적인 마을 공동체를 이루며 살았다. 그래서 그리스 문명이 크게 후퇴했는데, 흔히 이 시기를 그리스의 암흑시대라고 부른다.

도리아 인들은 식량과 의복 등을 자급자족했다. 철제 무기 제작, 마차 및 전차 제조, 보석 및 금속 세공, 도자기 제조 등을 제외하고는 숙련된 장인이 필요 없었다. 따라서 상업도 발달하지 못했다. '상인'이라는 말이 아예 없을 정도였고, 오직 물물교환만이 이루어졌다.

하지만 수백 년이 흐르면서 마을 공동체들이 조금씩 발전하기 시작했다. 그리스는 지중해성 기후를 띠어 밀, 보리, 포도, 올리브

이 시기의 *마을 공동체*는 외부의 지배를 받지 않고 독립을 유지했지만, 국가의 기능을 갖추지 못한 부족 집단에 불과했다. 부족의 지도자는 군대를 지휘하고 신에게 지내는 희생제를 이끌었을 뿐 여느 부족민과 마찬가지로 농사를 지어 생계를 유지해야 했다. 부족민들이 지도자에게 아무런 보수도 지급하지 않았기 때문이다.

등의 농사가 잘되었다. 더욱이 이들은 철제 농기구를 사용했으므로 수확량을 대폭 늘릴 수 있었다. 마을마다 식량이 쌓여 갔는데, 이를 노리고 침입하는 외적들이 늘어났다. 특히 바다로 침입하는 해적들은 큰 골치였다. 그래서 불시에 쳐들어오는 외적의 침략을 막기 위해 이웃한 여러 마을 공동체와 손을 잡았다.

마을 공동체들은 힘을 모아 요충지에 성벽을 쌓고 도시를 만들었다. 외적이 쳐들어오면 먼저 도시로 몸을 피한 뒤, 도시의 성채에 의지해 맞섰다. 성채가 뚫릴 경우에 대비해 도시의 언덕에 다시 성채를 쌓고 신전과 주요 건물들을 지었다. 이러한 과정을 통해 도시를 중심으로 국가가 만들어졌다.

도시 국가는 한 걸음 더 나아가 직접 배를 만들었다. 해적의 본거지를 소탕하고, 배를 타고 다른 도시 국가들로 가서 남는 물건은 내다 팔고 필요한 물건을 사들였다. 기원전 800년경부터 이러한 일들이 그리스 전역에서 일어나면서 드디어 그리스의 암흑시대가 끝나고, 새로운 문명의 시대가 활짝 열렸다.

인공위성에서 바라본 그리스
그리스는 험준한 산이 많고 해안선이 복잡해 하나로 통합하기 어려웠다.

그런데 그리스는 왜 수백 개의 도시 국가가 하나의 강력한 제국으로 통합되지 못한 걸까? 그리스는 험준한 산이 많아 육로로 교통하기에는 그리 좋은 편이 아니었다. 대신 해안선의 굴곡이 심한 만큼 천연적인 항구가 많아 해상 교통은 유리했다. 배를 만들면서 활기를 되찾은 이유이다. 바로 이러한 지리적 환경 때문에 수백 개의 도시 국가가 여러 형태의 동맹을 맺으면서 독자적으로 발전했다.

그리스 인들이 세운 도시 국가들은 주로 해안에 인접해 있었다. 이들은 요충지를 중심으로 성이나 요새를 쌓고 도읍으로 삼았는데, 이를 폴리스라고 부른다.

폴리스 안에는 아크로폴리스와 아고라가 있었다. 아크로폴리스는 방어하기 쉬운 언덕에 성을 쌓고 그 안에 신전과 관공서들을 모아 놓은 폴리스의 중심 지역이다. 아고라는 주로 도시 가운데에 만든 광장으로 여기에서 일상적인 종교 활동이나 정치 행사, 대중 집회, 재판, 사교, 장사 등이 이루어졌다.

그리스 인들은 비록 통일된 국가는 이루지 못했지만, 같은 말과 글을 쓰고 같은 신을 섬기며 같은 민족이라는 생각을 가지고 있었다. 그리스 인들은 4년마다 한 번씩 모든 폴리스가 올림피아 제전을 열고 동족 의식을 다졌다. 올림피아 제전이 열릴 때는 앞뒤

아테네의 아크로폴리스와 아고라
언덕 위에 성을 쌓고 신전과 관공서를 모아 놓은 아크로폴리스(가운데 윗부분)와 시민들이 모여 각종 활동을 벌인 아고라(오른쪽 아랫부분)가 보인다.

로 한 달 동안 모든 전투를 중지하고 시가 경연과 운동 경기를 즐겼다. 하지만 올림피아 제전은 오로지 남성들에게만 열린 공간으로, 여성들은 구경조차 할 수 없었다.

그리스의 여러 폴리스 가운데 맨 처음 두각을 나타낸 곳은 펠로폰네소스 반도의 코린토스와 아르고스이다. 기원전 7세기에는 스파르타가, 기원전 6세기에는 밀레토스가, 기원전 5세기에는 아테네가 발전을 이끌었다.

이들 폴리스 가운데 대표 주자는 아테네와 스파르타였다. 전성기 때 아테네는 면적이 다른 폴리스보다 약 10배, 스파르타는 약 30배나 넓었다. 아테네와 스파르타의 인구는 약 40만 명으로 다른 폴리스보다 3배가량 많았다.

아테네의 민주주의

아테네도 처음에는 다른 폴리스와 마찬가지로 왕이 다스리는 왕정에서 출발했다. 기원전 7세기 초, 몇몇 귀족이 왕을 몰아내고 정치 권력을 장악해 귀족정을 실시했다. 귀족들은 자신들의 정치·사회적인 지위를 이용해 평민들에게는 아예 발언권조차 주지 않았다.

하지만 평민들이 배를 몰고 흑해, 소아시아, 지중해 동부 연안, 북아프리카 연안의 여러 도시를 잇는 무역에 나서면서 상황이 바뀌기 시작했다. 무역으로 돈을 벌어 부자가 된 평민들이 자신들의 부에 맞는 정치적 지위와 발언권을 요구하고 나선 것이다.

평민들은 이렇게 주장했다.

"우리도 귀족만큼 나라를 위해 의무를 다한다. 우리가 낸 세금으로 나라를 운영하지 않는가. 내 돈으로 직접 갑옷과 투구, 방패, 창, 칼, 활을 사서 무장하고 전쟁터로 달려가 나라를 위해 싸우지 않는가. 우리도 귀족들처럼 나랏일에 참여할 수 있도록 해 달라."

정치적 지위와 권리를 놓고 벌어진 귀족과 평민의 정치 투쟁은 기원전 6세기 초, 평민들의 승리로 돌아갔다. 솔론이 평민의 편에 서서 평민들에게 선거권과 피선거권, 중요한 정책에 대한 발언권 등 참정권을 부여한 것이다. 하지만 평민들은 솔론의 개혁에 만족하지 않았다. 시민을 소득에 따라 네 등급으로 나누고, 등급에 따라 참정권에 제한을 두었기 때문이다.

페이시스트라토스
무력으로 귀족정을 무너뜨린
아테네의 독재자

이를 틈타 페이시스트라토스가 무력으로 귀족정을 무너뜨리고는 아테네를 멋대로 주물렀다. 이때가 기원전 6세기 중반인 기원전 560년이다.

아테네의 민주주의는 기원전 6세기 말에 클레이스테네스가 정치 개혁을 이루면서 꽃을 피우기 시작했다. 이때부터 시민들이 선거로 의회(500인 평의회)를 구성하고 국가의 중요 정책을 결정하였다. 독재 정치를 펼 위험성이 높은 정치 지도자의 이름을 조개껍데기나 도자기 조각(도편)에 적어 10년 동안 국외로 강제 추방하는 도편 추방제도 실시하였다.

아테네의 민주주의는 기원전 5세기 중엽 페리클레스 시대에 완성되었다. 시민들이 참여하는 민회가 법을 제정할 입법권을 갖게 되었고, 행정을 맡은 10인 군사위원회 위원의 선출은 물론 군사위원회에 대한 감사를 할 수 있었다.

도편
도자기 파편에 추방해야 할
정치가의 이름을 적었다.

민회가 소집되면 약 1만 명이 프닉스 언덕에 모여 토론을 하고 정책을 결정했다. 이렇게 참정권을 가진 모든 사람이 모여 중요한 정책을 결정하는 것을 직접 민주주의라고 한다. 그러나 아테네의 민주 정치는 시민 중에서도 18세 이상 남성에게만 참정권을 주었기 때문에 몹시 제한적인 것이었다. 여성과 외국인, 노예 역시 제외되었으므로 아테네 인구 35만 명 중 고작 4만 명만 참정권을 행사할 수 있었다.

그런 한계는 있지만, 2,500년도 전에 민주주의라는 정치 형태를 고안해 실시한 것은 그야말로 놀라운 일이다. 참고할 만한 아무런 사례도 없이 오로지 아테네 사람들의 생각만으로 만들어 냈으니 말이다. 그 창의성도 대단하지만 끈질긴 토론을 통해 정책에 대한 대중적 합의를 이끌어 낸 인내가 더 놀랍다.

촌뜨기 스파르타

한편 스파르타는 철기로 무장하고 남하한 도리아 인들이 아카이아 인들을 정복해 세운 나라이다. 소수의 도리아 인들이 다수의 아카이아 인들을 노예로 삼아 다스려야 했기 때문에 노예들의 반란에 대비하기 위해 강력한 군대 조직이 필요했다. 아니, 국가 자체가 군대인 군국주의 국가였다.

스파르타는 다른 폴리스보다 여성의 지위는 비교적 높은 편이었다. 재산을 소유할 수도 상속받을 수도 있었고, 군사 훈련을 받거나 각종 운동 경기에 참가할 수도 있었다. 재혼도 자유로웠다.

하지만 이는 남성들이 가족을 걱정하지 말고 전쟁에 나가 죽음을 무릅쓰고 싸우라는 뜻임과 동시에 유사시에는 여성들도 무기를 들고 싸우라는 뜻이었다. 또한 훌륭한 전사로 자랄 튼튼한 아이를 많이 낳으라는 뜻이 숨어 있을 뿐 여성의 인권을 존중해서 그런 것은 아니었다.

스파르타에서 여성은 튼튼한 아이를 낳기 위한 도구였다. 결혼도 약탈혼이었다. 남자는 마음에 드는 여자가 있으면 친구들의 도움을 받아 납치해 가둬 놓고는 밤에만 찾아가는 식이었다. 아내에게 다른 남자의 아이를 갖게 하는 일도 많았다. 훌륭한 전사에게 아내를 맡겨 튼튼한 아이를 낳으면 자기 자식으로 기르기 위해서이다.

갓 태어난 아기는 국가에서 검사해 장애가 있거나 허약하면 내다 버려 죽였고, 소년이 되면 집을 떠나 공동생활을 하며 엄격한 군사 훈련을 받게 했다. 어른이 되어서도 군대에서 군인으로 지내야 했다. 국가를 위해 개인이 희생하는 것을 당연하게 여기는 집단주의 정신은 스파르타가 가진 강력한 군사력의 비밀이었다.

오늘날의 스파르타
그리스 본토의 남쪽인 펠로폰네소스 반도 남부에 있는 도시로, 펠로폰네소스 주 라코니아 현청 소재지이다.

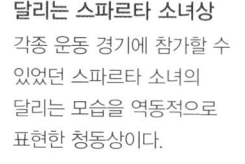

달리는 스파르타 소녀상
각종 운동 경기에 참가할 수 있었던 스파르타 소녀의 달리는 모습을 역동적으로 표현한 청동상이다.

스파르타 젊은이들의 훈련
움직이는 인체를 그린 소묘의
대가 에드가 드가가 1860년에
그렸다.

　나라의 부는 농업에서 나왔는데, 아카이아 인 노예들을 부려 농
사를 지었을 뿐 배를 몰고 바다로 나가 무역하는 것은 꿈도 꾸지
못했다.

　국가 자체가 군대인 나라에서 문화와 예술이 발달할 리 없다.
스파르타 인들은 문화와 예술에 조그마한 관심도 기울이지 않았
다. 그래서 다른 폴리스 사람들 사이에서 문화와 예술도 모르는
촌뜨기 취급을 받았다.

유럽 문명의 탄생

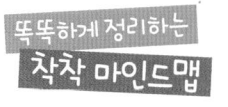

유럽 문명의 모태

크레타 문명

기원전 3000년

- 유럽 문명의 뿌리
- 크노소스 궁전 프레스코 화
- 멸망   기원전 1500년

미케네 문명

- 아카이아 인 남하   기원전 2000년
- 트로이 전쟁   기원전 1250년
- 멸망   기원전 1100년

그리스 폴리스의 발달

- 도리아 인 남하   기원전 1200년
- 산맥과 분지 발달   →   수백 개의 도시 국가(폴리스)
- 지중해 무역 장악   인간 중심적 문화

아테네 ⟨----⟩ 스파르타

해군과 해상 교역으로 부 축적 | 육군 국가

민주주의 | 군국주의/전체주의

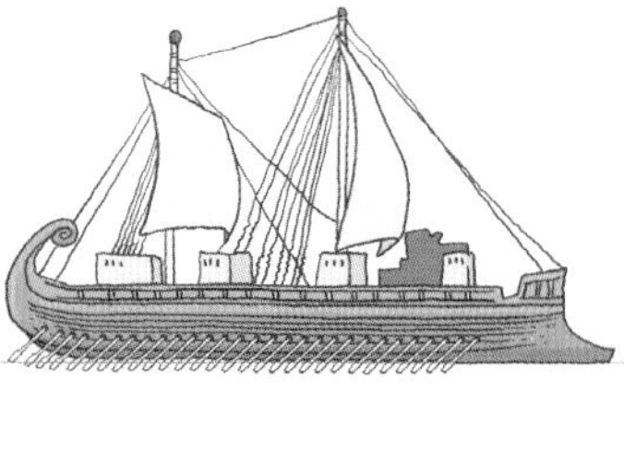

5 유럽과 오리엔트가 최초로 맞붙다

그리스군

페르시아군

오리엔트를 통일한 아케메네스 왕조 페르시아의 다리우스 1세가 그리스를 공격하면서 페르시아 전쟁이 일어났다. 그리스 연합군이 승리한 후 아테네가 해상 교역을 독차지하자 이에 불만을 품은 도시 국가들이 스파르타를 중심으로 대항하면서 펠로폰네소스 전쟁이 일어났다. 결과는 스파르타의 승리. 그러나 그리스는 오랜 전쟁으로 쇠퇴해 갔다.

키루스가 일으킨 페르시아 제국

그리스 인들은 지중해를 제 집처럼 자유롭게 드나들며 무역 활동을 하면서 큰 이익을 얻었다. 그런데 기원전 5세기 초에 이르자 지금껏 보지 못했던 강력한 적과 맞서야 했다. 바로 아케메네스 왕조 페르시아 제국이다. 어른과 아이가 싸우는 것처럼 보일 만큼 그리스와 페르시아 제국은 힘에서 엄청난 차이가 났다.

오리엔트와 유럽이 맞붙은 최초의 전면전, 페르시아 전쟁은 대체 왜 일어난 걸까? 이를 알아보기 위해서는 2,600년 전의 이란으로 가야 한다.

기원전 6세기 초, 지금의 이란 땅 남서부 페르시스 (Persis, 여기에서 페르시아라는 말이 나왔다)를 다스리던 안샨의 왕 캄비세스는 터키 서북부와 이란을 다스리던 강대국 메디아의 공주와 결혼해 키루스를 낳았다. 안샨은 메디아의 속국으로 사사건건 메디아의 간섭을 받고 있었다. 키루스는 기원전 559년에 아버지의 뒤를 이어 왕위에 올랐다. 그가 안샨을 잘 다스려 힘을 키우자, 외할아버지인 메디아 왕 아스티아게스가 대군을 동원해 안샨을 공격했다. 안샨이 메디아를 멸망시킬까 두려워서였다.

키루스가 이끄는 페르시아 인들은 수적인 열세에도 아랑곳하지 않고 완강히 저항했다. 키루스군이 험준한 산

키루스의 전설

그리스 역사가 크세노폰의 『키로파에디아(키루스의 교육)』에는 다음과 같은 전설이 나온다.

딸 만다네가 임신한 뒤 이상한 태몽을 꾼 메디아 왕 아스티아게스는 점성술사를 불러 해몽해 보라 했다. 손자가 자라면 자기를 멸망시킨다는 해몽에 왕은 측근인 하르파구스를 불러 손자 키루스를 죽이라고 명령했다. 하지만 하르파구스는 키루스를 죽이지 않고 양치기에게 기르게 했다.

그런데 키루스는 자질이 뛰어나 10년 만에 정체가 탄로 났다. 왕은 주변의 권유를 받아들여 키루스를 죽이지 않고 페르시스로 보냈다. 대신 하르파구스의 아들을 몰래 죽인 후, 양고기처럼 조리해서 하르파구스에게 내렸다. 명령을 어긴 벌을 준 것이다. 하르파구스는 메디아와 안샨의 전쟁 중에 반란을 일으켜 사로잡은 왕을 키루스에게 넘겨 복수했다.

키루스 2세
아케메네스 왕조 페르시아를 건설해 키루스 대왕이라고도 한다.

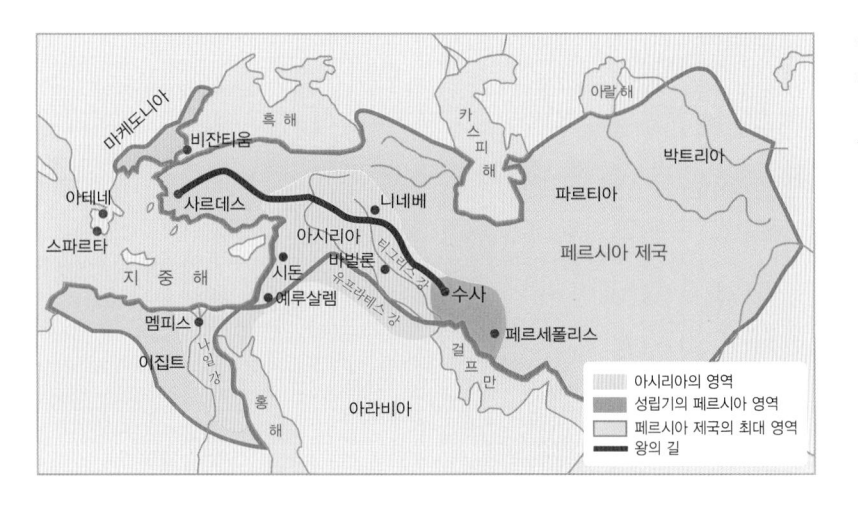

악 지형을 이용해 치고 빠지는 전략을 구사했기에 메디아군은 고전을 면치 못했다. 3년을 넘게 계속된 전쟁은 뜻밖의 상황을 맞아 싱겁게 끝났다. 메디아군을 이끌던 하르파구스가 반란을 일으켰던 것이다. 그는 아스티아게스를 사로잡아 키루스에게 넘겼다.

당시에는 전쟁에서 이긴 쪽이 진 쪽에 잔인하게 보복하는 게 보통이었다. 그렇지만 키루스는 보복하는 대신 메디아를 과감하게 끌어안았다. 메디아 인이 페르시아 인과 가까운 부족이라는 점이나 메디아가 키루스의 외가라는 점이 작용했으리라. 키루스는 정복당한 메디아 인을 페르시아 인과 아무런 차별 없이 똑같이 대해 둘 다 하나의 뿌리에서 갈라져 나온 형제라는 생각을 심어 주었다.

키루스는 소아시아 반도에 있던 이웃 나라 리디아가 메디아 영토를 차지하려 하자 리디아를 정벌했다. 이때 리디아의 속국이었던 소아시아의 그리스 식민 도시들도 키루스에게 항복했다(바로 이들이 나중에 페르시아 전쟁의 도화선이 되었다).

메니아와 리디아를 차지한 키루스의 다음 상대는 신바빌로니아였다. 신바빌로니아는 티그리스 강과 유프라테스 강 사이의 비옥한 초승달 지대를 차지한 서아시아의 최강대국이었다. 당시 신바빌로니아의 왕 나보니두스는 수도 바빌론의 주신 마르두크 대신 달의 신을 좋아해 마르두크를 섬기는 사제들과 마찰을 빚고 있었다. 종교를 둘러싼 갈등의 골은 깊었고, 사제들과 신도들의 마음은 이미 나보니두스에게서 떠나 있었다.

키루스가 이끄는 군대가 쳐들어오자, 신바빌로니아 군대는 부랴부랴 방어에 나섰다. 키루스는 군대로 전투를 벌이는 대신 신바빌로니아의 장수들에게 사신을 보내 협상을 벌였다. 협상 조건에 만족한 장수들은 키루스에게 투항했고, 키루스는 이렇다 할 싸움 한 번 없이 신바빌로니아를 점령했다. 신바빌로니아가 점령한 시리아와 팔레스타인까지 키루스의 수중에 들어왔다.

이제 키루스의 아케메네스 왕조는 소아시아 반도와 지중해 동부 연안, 메소포타미아 지방, 이란 고원을 아우르는 대제국으로 성장했다. 사람들은 손에 피를 거의 묻히지 않고 대제국을 이룬 키루스를 왕 중 왕, 대왕으로 떠받들었다.

키루스는 신바빌로니아에 붙잡혀 온 노예들을 풀어 주었다. 그중에는 헤브라이 인 4만 명도 포함되어 있었다. 키루스의 관용 덕

이슈타르 문
키루스가 별 저항도 없이
바빌론에 입성한 이슈타르 문.
사진은 1932년의 모습이다.

분에 고향인 팔레스타인으로 돌아갈 수 있었던 헤브라이 인들은 『구약성서』에 키루스를 이민족 왕으로는 보기 드물게 '야훼의 목자'로 치켜세웠다.

키루스, 정확히 말해 키루스 2세의 최대 업적은 단순히 영토를 크게 넓힌 것이 아니다. 제국의 울타리 안으로 들어온 여러 민족을 끌어안았다는 사실이다. 키루스는 메디아 인 한 사람을 지금의 국무총리와 비슷한 고문관으로 임명하는 전통을 세웠고, 페르시스의 토착민인 엘람 인을 스승으로 섬겼다. 또한 여러 민족이 고유의 종교나 법률, 관습을 지킬 수 있도록 관용을 베풀었다.

키루스는 힘과 탐욕에 취해 정복당한 나라의 군인과 백성들을 마구 학살하고 약탈하다 속국들의 반란으로 사라져 간 아시리아의 잘못에서 많은 것을 깨달았다. 그래서 점령지에 대한 약탈과 학살을 금지하고, 여러 민족에게 종교와 언어의 자유를 주는 등 제국으로 들어온 여러 민족을 끌어안으려고 노력했다.

한편 키루스의 정복 전쟁은 여기에서 그치지 않았다. 그는 발길을 동쪽으로 돌려 카스피 해 동쪽의 유목 민족을 정벌하러 나섰

키루스 원통

키루스 2세가 선포한 세계 최초의 인권 헌장. 진본은 런던의 영국박물관 (대영박물관)에 보관되어 있고, 그 복제본이 뉴욕의 유엔 본부에 전시되어 있다. 모든 시민은 종교와 언어의 자유를 가지며, 노예제를 금지하고, 점령지에 대한 약탈과 학살을 금지하며, 모든 일꾼에게는 급여를 지급해야 한다는 내용을 원통형 점토판에 쐐기 문자로 적어 놓았다.

다. 키루스군은 부근 소그디아나(지금의 우즈베키스탄) 부근까지 진격해 마사게타이 족과 마주쳤다. 마사게타이 족은 스키타이 족의 일파로 매우 호전적인 유목 민족이었고, 키루스는 그곳에서 전사했다고 전해진다.

페르시아 제국의 행정 체계를 완성한 다리우스 1세

키루스 2세가 죽은 뒤 아들인 캄비세스 2세는 아버지의 뒤를 이어 이집트를 정벌했다. 뒤이어 남쪽의 에티오피아와 서쪽의 카르타고를 정벌하고자 계획했다. 그런데 수도에서 반란이 일어났다. 캄비세스 2세는 이집트에 수비대를 남겨두고 황급히 귀국길에 올랐는데 도중 시리아에서 갑자기 목숨을 잃었다.

이를 계기로 전국 각지에서 반란이 일어났다. 급하게 먹은 밥이 체하듯 제국의 급격한 확장이 부작용을 낳은 것이다. 혼란을 수습한 것은 왕가의 방계인 다리우스 1세였다.

캄비세스 2세의 경호원으로 이집트 원정을 함께했던 다리우스 1세는 서둘러 수도로 돌아왔다. 그는 귀족들의 도움을 받아 반란으로 왕위에 오른 이를 죽이고 스스로 왕위에 올랐다. 그런 다음 소규모 군대를 이끌고 신속하게 움직여 곳곳에서 일어난 반란을 진압해 제국을 안정시켰다.

다리우스 1세의 최대 업적은 제국의 행정 체계를 완성했다는 것이다. 아케메네스 왕조 페르시아 제국은 아시리아에 이어 서아시

베히스툰 비문 속 다리우스 1세와 아후라 마즈다
다리우스 1세와 신하들이 조로아스터교의 주신인 아후라 마즈다의 계시를 듣고 있다. 세계 문화유산인 베히스툰 비문에는 캄비세스 2세가 죽은 뒤 다리우스 1세가 반역자들을 죽이고 왕위를 차지한 일과 제국을 20여 개의 속주로 나누어 총독을 파견해 다스린 일이 기록되어 있다.

아를 두 번째로 통일했지만, 아시리아에 비할 수 없을 만큼 영토가 넓었다. 키루스 2세와 캄비세스 2세가 정복한 영토만 해도 북아프리카의 이집트와 지중해 동부 연안, 소아시아 반도, 메소포타미아, 이란 고원에 이르렀다. 여기에다 다리우스 1세가 넓힌 카스피 해 동쪽의 박트리아와 소그디아나, 유럽의 트라키아와 마케도니아까지 치면 영토가 아시리아의 몇 배나 된다.

이렇게 드넓은 영토를 다스리려면 뭔가 특단의 조치가 필요한 법이다. 다리우스 1세는 다음과 같은 조치를 시행했다.

첫째, 제국을 20여 개의 속주로 나누어 총독을 파견해 다스렸다. 총독은 속주 행정의 우두머리로 세금을 거두고 치안과 사법, 군대까지 맡았기에 그 지역에서는 왕이나 다름없었다. 총독은 왕이 왕족이나 귀족 중에서 임명했는데, 임기는 무제한이었다. 다리우스 1세가 실시한 행정 체계는 제국에 딱 들어맞아 이후 알렉산드로스 제국과 로마 제국, 파르티아, 사산 왕조 페르시아 등도 모두 이를 참조해 지방 행정 체계를 구축했다.

둘째, 아무리 충성스러운 신하를 총독으로 임명해도 딴마음을 먹고 반역을 꾀하거나 부정부패를 저지를 수 있다. 이를 막기 위해 '왕의 눈' 또는 '왕의 귀'라는 이름의 감찰관을 보내 총독을 감시했다.

셋째, 외국의 침략이나 지방의 반란에 신속하게 대처하려면 정보와 명령을 신속히 전달하고, 군대를 빠르게 이동시켜야 한다. 이를 위해 오늘날의 고속도로와 맞먹는 넓은 도로를 닦았는데, 소아시아 반도의 사르데스에서 제국의 수도인 수사까지 그 길이가 무려 2,400킬로미터나 되었다. '왕의 길'이라는 이름의 이 도로에는 수십 킬로미터 간격으로 역을 두고 전령이나 관리가 말을 갈아탈 수 있게 했다. 그 덕에 상인들이 3개월 걸릴 거리를 전령은 7일 만에 달릴 수 있었다.

넷째, 나일 강과 홍해를 잇는 운하를 건설해 많은 물자를 배로 한꺼번에 나를 수 있도록 했다.

다섯째, 도량형과 화폐를 통일해 제국의 경제를 하나로 묶었다. 제국 어디에서나 같은 단위로 물건을 재고 같은 화폐로 거래하게 되면서 상업과 무역이 비약적으로 발전했다.

페르시아 전쟁은 어떻게 시작되었나

다리우스 1세는 지중해를 통한 해상 무역 활동에도 주목했다. 그리스의 폴리스들은 소아시아 반도의 그리스 식민 도시들을 통해 동방의 풍부한 물산을 가져다 지중해 곳곳에 팔아서 엄청난 부를 쌓고 있었다. 다리우스 1세는 이들에게 빼앗기는 제국의 부가 아까웠다. 자신들이 직접 지중해 해상 무역에 나선다면 제국은 더욱 풍요로워질 터였다. 다리우스 1세는 지중해 동부 연안의 페니키아 상인들을 보호하고 지원함으로써 지중해 해상 무역에 한 발을 걸쳤다.

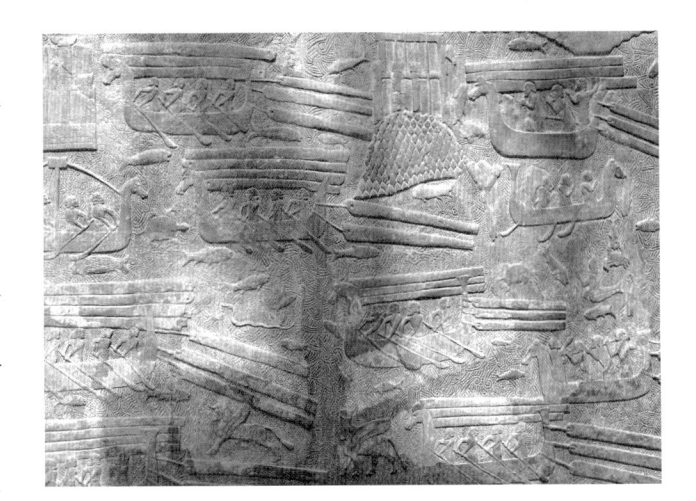

페니키아 인의 해상 활동
레바논 삼나무를 배로 실어 나르는 페니키아 인. 사르곤 2세 왕궁 부조 속의 한 장면이다.

다리우스 1세가 오랜 숙적인 페니키아 상인들을 지원하자, 소아시아의 그리스 인들은 그의 속셈을 꿰뚫어보았다. 앞서 키루스가 정벌 지역의 사람들을 너그럽게 포용한 일이 100년도 안 되어 완전히 엉뚱한 결과를 가져온 셈이다.

그리스 인들은 의견을 한데 모으기 시작했다.

"당장 보는 손해도 크지만, 앞으로 보게 될 피해가 더욱 무섭다. 페르시아 제국에 반기를 들자. 그렇다고 제각각 일어섰다가는 각개 격파되고 말 뿐이니 힘을 모으자."

기원전 499년, 소아시아의 그리스 식민 도시들이 다 함께 반란을 일으켰다. 반란의 불길은 소아시아 전역으로 확대되었고, 반란 진압에 무려 6년이나 걸릴 만큼 다리우스 1세는 애를 먹었다. 그리스 본토의 여러 폴리스가 소아시아의 식민 도시들을 지원했기 때문이다. 다리우스 1세는 이들 폴리스에 이를 갈았다.

아테네에 참패한 페르시아군

소아시아의 반란을 진압한 다리우스 1세는 자신의 명예에 상처를 준 그리스 본토를 정벌해 응징하기로 마음먹고 대규모 원정을 준비했다.

페르시아 제국이 그리스 본토를 공격하리라는 것이 확실해지자, 서로 으르렁거리던 아테네와 스파르타는 다툼을 중지하고 공동의 적에 맞서기로 했다.

다리우스 1세는 기원전 492년에 사위를 원정군 사령관으로 삼아 그리스 원정에 나섰다. 육군은 다르다넬스 해협을 건너 트라키아와 마케도니아를 복속시켜 진격의 발판을 마련했다. 그렇지만 해군은 아토스 곶에서 폭풍을 만나 함대가 좌초하면서 싸워 보지도 못한 채 패하고 말았다. 헤로도토스의 『역사』에 따르면 300척의 배가 침몰해 2만 명의 병사가 목숨을 잃은 큰 피해였다.

다리우스 1세는 2년 뒤인 기원전 490년에 제2차 침공에 나섰다. 페르시아군은 600척의 갤리선에 2만 5,000명이 나눠 타고 별다른 저항 없이 아테네 북동쪽 해안에 상륙해 마라톤 평원으로 나아갔다. 아테네는 스파르타에 페르시아군이 상륙한 사실을 알리고 함께 침략자에 맞서자고 했다. 그런데 스파르타는 종교 축제를 빌미로 미적거렸다. 결국 아테네는 단독으로 중장보병 1만 명과 플라이타이의 지원군 1,000명을 이끌고 마라톤 평원으로 갔다.

다리우스 1세는 페르시아군을 둘로 나눠 본대 1만 5,000명은 마라톤 평원에서 아테네군을 압박하고, 기병대 중심의 별동대 1만

명은 방어할 병력이 없는 아테네로 전진시켰다. 순간 아테네군은 당황했지만, 밀티아데스의 작전에 따라 중장보병을 셋으로 나눴다. 중군이 계속 전진하여 페르시아의 경장보병 1만 5,000명과 맞붙을 즈음에도 좌군과 우군은 계속 나아갔다. 만약 페르시아 제국의 자랑인 기병대가 있었다면 좌군과 우군의 기동은 불가능했을 것이다. 하지만 이를 막을 기병대가 아테네로 갔으니 전진 기동이 가능했다.

아테네의 좌군과 우군이 전진 기동하는 동안 중군은 페르시아군의 집중 공격을 버텨 냈다. 그렇게 할 수 있었던 것은 아테네군의 중장보병이 쓰는 긴 창이 페르시아 경장보병이 쓰는 짧은 창보다 훨씬 효과적이었기 때문이다. 중군이 버티는 동안 좌군과 우군이 페르시아군을 포위했고, 당황해 전열이 흐트러진 페르시아군은 퇴각하기 시작했다. 페르시아군은 결국 아테네군의 포위 공격을 받아 대패하고 말았다.

페르시아군 전사자 6,400명, 아테네군 전사자 192명으로 아테네의 압승이었다. 밀티아데스는 즉시 아테네로 병력을 돌렸다. 아테네를 공격하려던 페르시아 별동대 1만 명은 이를 보고 퇴각했다.

마라톤 평원에서의 패배로 체면을 구긴 다리우스 1세는 제3차 원정을 준비했다. 그렇지만 이집트에서 일어난 반란을 진압하느라 연기할 수밖에 없었다. 결국

마라톤 전투의 승리를 아테네에 알린 병사
뤽 올리비에 메르송의 작품. 마라톤은 42.195킬로미터를 달리는 경기이다. 그 기원과 관련하여 아테네의 승전보를 알리려고 마라톤 평원에서 아테네까지 전력 질주하다 숨진 병사의 일화가 유명하다. 하지만 헤로도토스는 이 이야기가 사실이 아니며, 스파르타로 원군을 요청하기 위해 전령이 이틀 동안 약 240킬로미터를 달린 사실이 와전되었을 뿐이라고 기록했다.

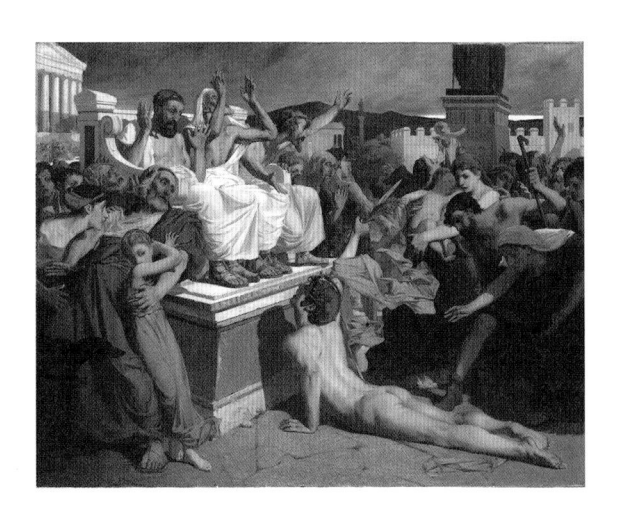

그는 그리스 원정에 다시 나서지 못한 채 기원전 486년에 세상을 떴다.

그리스 전체가 불바다로

다리우스 1세의 아들인 크세르크세스 1세는 기원전 480년에 아버지의 염원이었던 제3차 침공을 단행했다. 제2차 침공 때보다 몇 배나 더 큰 규모의 함대와 군사를 동원했다. 헤로도토스는 크세르크세스 1세가 동원한 군사가 보병 170만 명, 기병 8만 명, 동맹군 32만 명과 보급대를 합쳐 260만 명 이상이라고 기록했다. 하지만 오늘날에는 20만 명 남짓(최소 9만 명, 최대 30만 명)으로 추정하고 있다. 이 중 10만 명은 육로로, 나머지 10만 명은 해안선을 따라 1,200척의 배를 타고 이동한 것으로 보고 있다.

아테네와 스파르타는 두려움에 떠는 여러 폴리스를 추슬렀다. 스파르타의 주도 아래 겨우 30개 폴리스가 모여 그리스 동맹을 결성하고 페르시아군에 맞섰다. 그리스 동맹은 폴리스당 한 표씩 행사하는 동맹 의회가 동맹 전체의 움직임을 결정하기로 하고 회의를 열었다. 그 결과 육군은 스파르타가, 해군은 아테네가 맡기로 했다.

아테네가 이끄는 그리스 함대는 아르테미시움에서 페르시아 함대와 맞붙었는데, 마침 거센 폭풍우가 페르시아 함대를 덮쳐 엄청난 피해를 줬다.

한편 스파르타 왕 레오니다스가 이끄는 그리스 동맹군 7,000명

은 페르시아의 대군과 테르모필라이의 좁은 협곡에서 용감하게 맞붙어 페르시아군에 커다란 피해를 끼쳤다. 하지만 배신자가 우회로를 알려 주면서 포위될 위험에 빠졌다. 스파르타 근위대와 동맹군 일부는 협곡에 남아 동맹군 대부분이 안전한 남쪽으로 대피할 수 있도록 페르시아군을 막기로 했다.

마침내 페르시아군이 협곡 안으로 물밀듯이 쏟아져 들어왔다. 페르시아군에 맞서 용감하게 싸우던 동맹군은 하나둘 쓰러져 갔다. 페르시아군은 동맹군의 마지막 병사까지 쓰러뜨리고 나서야 협곡을 통과할 수 있었다.

테르모필라이 협곡에 끝까지 남아 장렬히 전사한 동맹군은 스파르타 근위대 300명, 테스피아군 700명, 테베 인 포로 400명, 헬롯 인 900명 등 2,300명이었다(그런데 이 전투를 영화화한 〈300〉에서는 스파르타 근위대 300명만 남아 장렬히 전사한 것으로 그려졌다). 그 사이 그리스 동맹군은 남쪽으로 이동해 전열을 정비하는

데 성공했다.

테르모필라이 협곡을 돌파한 페르시아군은 남쪽으로 행군을 거듭해 아테네를 불살랐다. 하지만 아테네 시민들은 이미 다른 곳으로 피난한 상태였다.

페르시아군이 그리스 대부분을 짓밟고 있었지만, 그리스 동맹군은 별다른 피해 없이 페르시아군이 지치기를 기다렸다. 크세르크세스 1세는 그리스 동맹군이 주둔하고 있는 심장부에 대군을 상륙시켜 전쟁을 단숨에 끝내려 했다.

아테네의 군사 영웅 테미스토클레스는 그리스 함대를 미끼로 페르시아 함대를 살라미스의 좁은 해협으로 끌어들였다. 비좁은 해협이라 커다란 페르시아 함선들은 움직이기 어려웠고, 이를 틈타 작은 그리스 전함들은 빠르게 움직이며 페르시아 함선들에 맹공을 퍼부었다. 이 살라미스 해전에서 800척의 페르시아 함대와

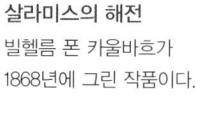

살라미스의 해전
빌헬름 폰 카울바흐가
1868년에 그린 작품이다.

370척의 그리스 함대가 맞붙었다. 그 결과, 그리스 해군은 약 40척을 잃었지만 페르시아 해군은 300여 척이 침몰하는 참패를 당하고 말았다(살라미스 해전을 영화화한 것이 〈300: 제국의 부활〉이다).

살라미스 해전으로 승기를 잡은 그리스는 폴리스 간의 단결을 더욱 강화해 페르시아군을 몰아냈다. 페르시아 전쟁은 그 뒤로도 30년 동안이나 더 이어졌는데 최종적으로 그리스가 승리하여 소아시아의 그리스 식민 도시들을 해방했다.

그리스의 승리로 끝난 페르시아 전쟁

오리엔트와 유럽이 맞붙은 최초의 전면전, 페르시아 전쟁은 무려 45년 동안이나 계속되었다. 전쟁의 규모와 기간이 엄청난 만큼 그 결과 또한 두 세계에 만만치 않은 영향을 미쳤다.

패전국인 아케메네스 왕조 페르시아 제국이 어땠는지부터 살펴보자.

20만 명 남짓한 병력을 쏟아 붓고도 패배하였으니 페르시아 제국이 존망의 위기에 몰렸으리라 생각할 수도 있겠다. 하지만 페르시아 제국의 인구와 경제력 그리고 효율적인 행정 체계는 그 정도 피해에 끄떡도 하지 않았다. 그저 크세르크세스 1세의 체면이 심하게 깎였을 따

살라미스 해전에서 승리한 뒤, 스파르타를 비롯한 연합국은 테미스토클레스에게 열렬한 갈채와 찬사를 보냈다. 그러나 아테네를 이끌던 귀족 회의는 테미스토클레스를 푸대접했다. 아테네가 방어용 장벽을 다시 세우려 했을 때 스파르타가 이에 반대하자 테미스토클레스는 계략을 써서 장벽을 세우는 데 성공했다.

그럼에도 아테네인들은 테미스토클레스가 독재 정치를 펼 위험성이 높다고 보아 기원전 472년에 도편 추방제로 강제 추방했다. 추방당한 테미스토클레스는 펠로폰네소스 반도의 아르고스로 건너갔는데, 때마침 이곳의 여러 폴리스에서 민주주의를 받아들이려는 모습이 나타났다. 이에 스파르타는 테미스토클레스가 페르시아와 내통했다고 고발했다. 생명의 위협을 느낀 테미스토클레스는 페르시아 제국으로 망명했다. 크세르크세스 1세는 과거의 악연을 잊고 테미스토클레스를 속주 총독으로 임명했다. 테미스토클레스는 그리스 식민 도시들에서 총독으로 일하다가 기원전 460년에 사망했다.

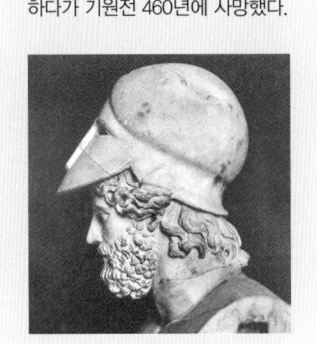

페르세폴리스 궁전 만국의 문
사람 얼굴에 황소 몸, 독수리 날개를 합친 라마수가 좌우
기둥에서 궁전을 지키며 출입자를 감시하고 있다.

름이다.

크세르크세스 1세는 이제 전쟁을 생각하기보다는 아예 다른 일에 관심을 쏟았다. 아버지 다리우스 1세가 짓기 시작한 수도 페르세폴리스를 완성하는 일이었다. 페르세폴리스는 아케메네스 왕조의 발상지였던 페르세스에 새롭게 세운 수도이다. 그곳에 왕이 가끔씩 들렀을 때 거처하는 궁전을 지었는데, 세계 어느 나라도 따라올 수 없을 만큼 거대하고 웅장하며 화려했다.

이에 비해 전쟁이 그리스에 준 영향은 엄청났다. 그리스 인들은 힘을 합쳐 세계 최강 페르시아 제국을 꺾었다는 사실에서 자부심을 느꼈다. 하지만 이러한 민족적 자부심이 민족 통일로 이어지기에는 폴리스 간의 증오심이 너무나 컸다.

그리스 폴리스들이 승리의 순간을 만끽하고 있을 때 발 빠르게

움직인 것은 살라미스 해전에서 결정적인 승리를 이끈 아테네였다. 아테네는 페르시아 전쟁을 마무리하고 앞으로의 침략에 대비하자는 명분을 내세워 해군력을 보유한 그리스 동부 연안 국가들과 에게 해의 섬나라들을 한데 묶어 델로스 동맹을 결성하고 맹주가 되었다.

아테네는 동맹국들이 내는 기금을 개인 금고의 돈처럼 썼고, 동맹국들의 돈을 받아 새로 건조한 함선들로 막강한 함대를 만들었다. 그리고 그 힘을 바탕으로 멀리 이탈리아와 이집트, 흑해까지 작전 구역으로 삼았다. 지중해 패권 장악은 지중해 무역의 독점으로 이어졌고, 이렇게 벌어들인 부는 아테네의 민주주의와 문화 예술의 발전을 낳았다.

한편 그리스의 모든 폴리스는 아테네의 해군력이 혹시 자기들

크세르크세스 1세가 세운 페르세폴리스 궁전 유적
페르세폴리스 궁전은 알렉산드로스 3세의 침략으로 불타 사라졌지만, 남아 있는 석재만으로도 얼마나 거대하고 웅장하며 화려했는지 알 수 있다. 페르세폴리스 궁전 부조와 보물의 대부분은 영국과 프랑스에서 약탈해 영국박물관과 루브르 박물관에서 소장하고 있다.

아테네의 아크로폴리스
레오 폰 클렌체의 작품.
처참하게 부서지고 뜯겨져
나간 아테네 아크로폴리스를
실측해 1846년에 고대 아테네
아크로폴리스를 그림으로나마
복원하는 데 성공했다.

을 향하지 않을까 두려워했다. 그러나 아테네는 두려움을 풀어 주
는 대신 자신들의 이익을 극대화하기 위해 이들을 윽박질렀다. 더
욱이 에게 해의 섬나라들이나 연안 지방의 폴리스들은 아테네의
속국이나 다름없는 처지가 되었다. 아테네의 해군력으로 바닷길이
봉쇄되면 생존에 필요한 물품을 구할 수 없었기 때문이다.

아테네는 한술 더 떠 자국의 정치 체제, 즉 직접 민주주의가 다
른 폴리스들에 자리 잡도록 '후원'했다. 하지만 정작 당사자들은
이를 '강요'라고 느꼈다. 아테네의 민주주의를 받아들이는 폴리스
가 늘어나는 만큼 아테네의 횡포에 분통을 터트리는 폴리스도 늘
어났다.

특히 스파르타의 분노는 더욱 컸다. 스파르타는 테르모필라이에
서 왕과 근위대 전원이 장렬하게 전사하면서까지 동맹군이 안전
하게 퇴각해 반격에 나설 시간을 벌어 주었다. 그럼에도 아테네가
전리품을 독차지하자 불만을 느낄 수밖에 없었다. 더욱이 아테네

가 강요하는 직접 민주주의가 노예들의 반란을 부추겨 스파르타의 생존을 위협하기도 했다.

스파르타는 아테네의 횡포에 반발하는 폴리스들을 하나로 묶어 펠로폰네소스 동맹을 만들었다. 동맹에 가입한 폴리스들은 대부분 펠로폰네소스 반도와 그리스 중부 내륙 지방의 육군 국가들로, 해군력이 없거나 빈약하다는 공통점이 있었다.

그런데 여기에 강력한 해군력을 보유한 코린토스가 가담했다. 아테네의 팽창에 불안감을 느꼈기 때문이다. 그리스 본토와 펠로폰네소스 반도를 잇는 좁은 지협에 자리 잡은 코린토스는 기원전 7세기 후반부터 지중해 해상 무역을 놓고 아테네와 치열하게 경쟁해 온 곳이었다. 코린토스의 가담으로 아테네 대 스파르타, 델로스 동맹 대 펠로폰네소스 동맹 사이에 팽팽한 긴장이 조성됐다.

스파르타 중장보병
중장보병이 쓴 투구의 커다란 머리 장식이 이채롭다.

아테네와 스파르타가 싸운 펠로폰네소스 전쟁

아테네와 스파르타의 갈등은 기원전 431년, 그리스 서해안에 있는 작은 섬나라의 내분을 계기로 폭발하였다. 마침내 그리스에 있는 폴리스 전체를 전쟁의 도가니로 몰아넣은 전쟁이 터진 것이다. 이것이 바로 펠로폰네스 전쟁이다.

스파르타가 육군을 동원해 아테네를 치면, 아테네는 성벽에 의지해 공격을 막아 내는 한편 함대를 이끌고 펠로폰네소스 동맹국들을 공격하는 식으로 전쟁이 전개되었다. 양측의 증오심이 얼마나 격렬했던지 승리한 쪽은 패배한 폴리스의 성인 남성을 모두 죽이고 여자와 아이들을 노예로 삼았다. 양측의 피해는 눈덩이처럼 불어났다. 끝까지 싸우자는 강경파 지도자들이 모두 전사하고 나서야 양측은 평화 조약을 맺고 전쟁을 그만두었다. 전쟁이 터진 지 10년 만인 기원전 422년의 일이다.

펠로폰네소스 전쟁도
아테네를 맹주로 한 델로스 동맹과 스파르타를 맹주로 한 펠로폰네소스 동맹 사이에 벌어진 펠로폰네소스 전쟁은 고대 그리스의 쇠퇴를 가져왔다.

그런데 휴전을 했음에도 양측은 아테네군과 스파르타군이 직접 맞붙지만 않았을 뿐, 곳곳에서 치열하게 전투를 벌였다. 서로를 향한 적개심은 더욱 거세게 불타올랐고, 이는 잔악한 만행을 부추겼다. 스파르타가 만티네아 사람들을 잔인하게 학살하자, 아테네도 멜로스 사람들을 모두 죽이는 만행으로 되갚을 정도였다. 만티네아야 스파르타의 적국이었으니 그럴 수 있다고 쳐도, 스파르타 편에 서지도 않은 멜로스는 아테네 편에 서지 않고 중립을 지켰다는 이유만으로 모든 성인 남성이 학살당하는 비극을 겪었다.

말뿐인 휴전은 기원전 415년에 끝이 났다. 아테네가 134척의 함대에 2만 5,000명의 군사를 싣고 시칠리아 섬으로 원정에 나섰기 때문이다.

그런데 아주 사소한 사건 하나가 펠로폰네소스 전쟁 전체의 승패를 가르고 만다. 아테네에서 원정대 사령관인 알키비아데스를 사소한 혐의로 소환한 것이다. 아테네로 소환되면 반대파에게 갖은 모욕을 당하고 결국엔 사형에 처해지리라고 본 알키비아데스는 소환에 불응했다. 그러고는 망명을 선택했는데, 그것도 아테네의 숙적인 스파르타의 품이었다. 알키비아데스는 스파르타에게 시칠리아로 구원병을 보내라고 조언하는 등 큰 도움을 주었다.

당황한 아테네는 시칠리아로 2차 원정대를 보내 원정을 마무리하려 했지만, 스파르타의 구원병들에게 대패했다. 목숨을 부지한 포로 7,000명은 채석장 노예로 팔려가 가혹한 노동에 시달렸다.

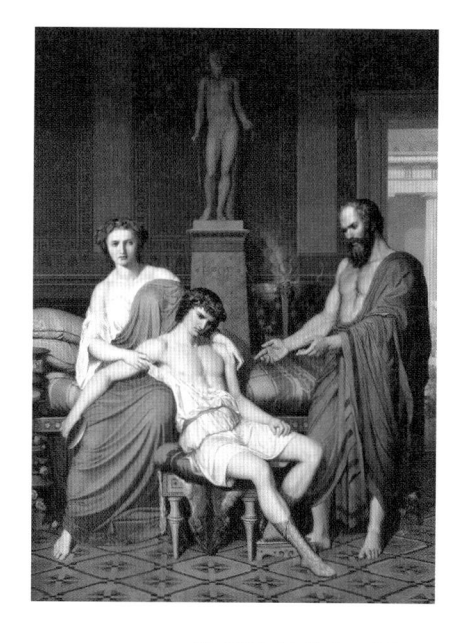

알키비아데스와 소크라테스
에스파냐 화가인 에르난데스가 1857년에 그린 작품. 소크라테스의 제자 알키비아데스는 군사 전략에 뛰어나 전쟁의 승패를 갈랐다.

엎친 데 덮친 격으로 아테네에는 더욱 암울한 일이 기다리고 있었다. 아케메네스 왕조 페르시아 제국의 다리우스 2세가 스파르타와 동맹을 맺고 엄청난 자금을 지원한 것이다. 육군 강국 스파르타는 그 돈으로 배를 건조해 해군을 양성했다. 스파르타 해군은 처음에는 아테네 해군의 상대가 되지 못했지만, 갈수록 경험을 쌓아 아테네 해군을 압도했다.

급기야 스파르타 해군이 아테네에서 흑해로 이어지는 다르다넬스 해협을 봉쇄했다. 이에 따라 식량이 끊긴 아테네에는 위기감이 감돌았다.

어쩔 수 없이 아테네는 조국을 배반한 알키비아데스를 끌어들여 위기를 타개하려 했다. 알키비아데스는 이러한 여망에 부응해 스파르타 해군을 잇달아 격파해 흑해로부터 식량을 들여오는 데 성공했다. 하지만 정작 알키비아데스가 아테네로 돌아와 총사령관을 맡자, 위기에서 벗어난 아테네 시민들은 반대파의 편에 서서 알키비아데스를 강제 추방했다. 심지어 스파르타 해군에 승리한 지휘관들을 처형하기까지 했다. 바다에 빠진 아군들을 구조하는 데 소홀했다는 이유였다.

결국 아테네 해군은 스파르타 해군에게 대패했고, 아테네는 기원전 404년에 스파르타에 항복했다. 아테네의 성벽을 헐고 델로스 동맹을 해체하며 민주주의를 포기한다는 조건이었다.

27년간 계속된 펠로폰네소스 전쟁은 그리스에 엄청난 피해를 줬다. 아테네는 인구가 절반으로 줄었고, 스파르타를 비롯한 여러 폴리스도 그에 버금가는 피해를 봤다. 멜로스를 비롯한 여러 폴리스는 아예 멸망했다. 펠로폰네소스 전쟁으로 그리스는 자멸하고 만 것이다.

그리스에서 스파르타의 패권 역시 오래가지 않았다. 테베가 스파르타에 반기를 든 것이다. 테베는 기원전 371년에 레욱트라에서 스파르타군을 꺾었고, 그 뒤 스파르타와 테베는 일진일퇴의 공방전을 벌였다. 이를 틈타 어부지리를 얻은 나라가 바로 그리스 북쪽에 있는 마케도니아였다.

그리스의 과학 기술자

그리스 인들은 배를 만드는 조선술, 배를 모는 항해술, 배의 방향을 알기 위한 천문학 등에 능했지만 과학 기술에서는 별다른 업적을 남기지 않았다. 그리스 인들이 워낙 생각이 깊고 철학을 좋아해 구체적인 과학 기술에는 별다른 관심이 없었기 때문이다. 우리가 아는 그리스 인 과학 기술자는 대부분 알렉산드로스 제국 시기의 인물이다.

과학 기술에서 훌륭한 업적을 남긴 이는 히포크라테스 선서로 유명한 히포크라테스 외에는 거의 없다. 뛰어난 의사이자 의학 교수였던 히포크라테스는 모든 병은 자연적인 원인에 의해 일어난다는 것을 의학 원리로 삼아 과학적인 의학을 창시했다. 히포크라테스는 『히포크라테스 의학 집성』이라는 의학 서적을 남겼다. 이 책은 히포크라테스의 이름을 따고는 있으나, 거의 대부분이 다른 의사 및 철학자들의 저작이다.

히포크라테스
1638년에 루벤스가 그렸다.

철학의 세계를 연 그리스

그리스 인들은 유럽 문명, 아니 세계 문명의 역사에 무엇을 남겼을까? 그리스 인들이 세계 역사에 이바지한 것은 지중해 세계를 다스렸다거나 아케메네스 왕조 페르시아 제국의 세력 확장을 막았다거나 하는 정치나 군사상의 업적이 아니다. 이들은 사상과 문화에서 전에도 없었고 후에도 없을 위대한 유산을 남겼다.

그리스 인들은 화산, 지진, 홍수, 가뭄, 폭풍, 해일 등 한순간에 인간 사회를 쑥대밭으로 만드는 자연재해를 보고 그 원인을 궁리하는 과정에서 철학과 과학을 발전시켰다. 이집트나 메소포타미아 문명에서도 이런 학문이 발전했지만 그리스 인들은 두 가지 점에서 큰 차이를 보였다.

첫째, 그리스 사람들은 국가적인 지원 없이 오로지 개인적인 호기심만으로 자연을 관찰하고 그 원인을 궁리했다는 것이다. 이 점에서 그리스 인들은 진정한 의미의 과학자였다(이에 비해 오리엔트 사람들은 국가의 지원을 받았다). 농업, 항해, 군사 활동, 달력 제작 등 실용적인 목적이 있었으며 그 결과 건축학, 측량술, 천문학, 수학, 기하학 등 과학 기술을 발전시켰다.

둘째, 그리스 인들은 자연 관찰을 우주의 본질에 관한 궁리로 발전시켰다는 점이다. 이를 자연철학이라고 한다.

피타고라스의 정리

피타고라스는 모든 사물은 정수와 정수의 비례, 즉 분수로 나타낼 수 있다고 주장했다. 이러한 비례를 가장 잘 보여 주는 것이 현의 비율로 나타나는 음이라고 보아 음악을 깊이 있게 연구했다.

피타고라스의 업적 중 가장 유명한 것은 '직각삼각형에서 빗변의 제곱은 다른 두 변의 제곱의 합과 같다.'는 '피타고라스의 정리'이다. 그런데 정작 이 정리가 찾아낸 것은 분수로 나타낼 수 없는 수, 즉 무리수였다. 예를 들어 두 변의 길이가 각각 1인 직각이등변삼각형의 빗변은 $\sqrt{2}$가 된다. 무리수의 발견으로 모든 사물을 분수로 나타낼 수 있다는 피타고라스 사상의 전제가 깨진 것이다. 결국 피타고라스 사상을 따르던 신비주의적인 비밀 교단, 피타고라스 교단은 이 때문에 무너지고 말았다.

피타고라스의 흉상
피타고라스의 정리는 무리수의 발견으로 이어져 피타고라스 교단의 붕괴를 가져왔다.

예를 들어 탈레스는 만물을 형성하는 근본적인 실체가 물이라고 했고 아낙시메네스는 공기, 아낙시만드로스는 불멸의 무한한 어떤 것, 엠페도클레스는 물·불·흙·공기의 4원소라고 보았다. 여기에서 한 걸음 더 나아가 피타고라스는 그것이 수라고 주장했다. 추상적인 세계의 수학적 완벽함이 반영되어 나타난 것이 현실 세계라는 주장이었는데, 추상 세계의 원리가 현실 세계에 나타난다는 플라톤 이론의 바탕이 되었다.

피타고라스의 사상은 자연철학자들 사이에 우주의 본질에 대한 논쟁을 격화시켰다. 파르메니데스는 피타고라스의 영향을 받아 사물의 진정한 본질은 변하지 않는 것이며, 변화는 감각이 주는 환상일 뿐이라고 주장했다. 하지만 헤라클레이토스는 변화만이 실제로 존재하는 것이며 변하지 않는 것이야말로 환상이라고 주장했다.

이 논쟁에 마침표를 찍은 사람이 바로 데모크리토스다. 그는 우주의 궁극적인 구성 요소는 파괴할 수도 쪼갤 수도 없는 원자이며, 원자들이 결합해 물질을 만든다고 주장했다.

자연에서 사회로 관심을 돌린 소피스트

아테네에서 민주주의가 꽃을 활짝 피우던 때인 기원전 5세기에 이르자 철학자들은 우주에 대한 연구를 접고 인간과 사회로 관심을 돌렸다. 이렇게 인간과 사회를 연구하는 철학자들을 일컬어 소피스트라고 한다.

아테네를 비롯한 그리스 폴리스에서 권력을 차지하려면 상대방 연설의 허점을 공격해 세력을 줄이고 자기 연설의 설득력을 높여 내 편을 늘려야 했다. 연설을 얼마나 잘하느냐가 권력으로 가는 문을 열게 된 것이다. 아고라에서 사람들에게 연설의 기술을 가르치는 강사들이 바로 소피스트였다.

소피스트들이 가르친 것은 연설을 화려하게 치장하는 수사학과 상대방 연설의 허점을 찾아내는 논리학이었다. 그런데 제논의 역설에서 알 수 있듯이, 소피스트들은 실제로는 거짓이지만 그것이 거짓임을 증명하기가 몹시 어려운 궤변도 많이 가르쳤다.

'인간은 만물의 척도'라는 프로타고라스의 말은 소피스트 사상의 본질을 보여 준다. 착함이나 아름다움, 정의, 진리 등은 어떤 절대적인 기준에 따라 존재하는 것이 아니라 인간의 필요와 이익에 따라 존재하는 상대적인 것이라는 말이다.

객관적 진리를 주장한 소크라테스

소크라테스는 소피스트들의 주장이 매우 위험하다고 보았다. 착함이나 아름다움, 정의, 진리 등이 개인의 필요와 이익에 따라 그때그때 달라지는 상대적인 것이라면 굳이 이들 가치를 지킬 필요가 있겠느냐, 이러한 가치를 전제로 한 도덕이나 법률·국가·종교·사회가 계속 유지될 수 있겠느냐 하는 근본적인 문제에 부딪힌다고 본 것이다.

소크라테스는 소피스트들의 주장이 얼마나 위험한 것인지 차근

파르메니네스의 세사인 *제논*은 몇 가지 알쏭달쏭한 주장을 들어 스승의 주장을 입증하려 했다. 대표적인 것이 아킬레스의 역설이다. '아킬레스는 10미터 앞에서 출발한 거북을 영원히 따라잡을 수 없다.'는 내용이다. 이 밖에도 '화살은 영원히 과녁에 도달할 수 없다.'는 화살의 역설이나 '물체는 영원히 목표점에 도달할 수 없다.'는 이분법의 역설 등이 유명하다.

소크라테스의 죽음
자크 루이 다비드가 1787년에
그린 그림으로, 소크라테스가
슬픔에 빠진 동료들과
제자들에게 영혼의 불멸에
대한 신념을 차분하게
설명하는 장면을 담았다.

차근 논리적으로 풀어나가기 위해 사람들에게 질문을 던지고, 무
엇이 옳고 무엇이 그른 것인지 스스로 깨달을 수 있도록 도왔다.
이를 문답법 또는 산파법이라고 한다. 이런 과정을 통해 소크라테
스가 밝히려 한 것은 착함이나 아름다움, 정의, 진리 등이 객관적
으로 존재한다는 것이었다.

소크라테스는 날마다 아고라에서 소피스트들과 그들의 배후에
있는 권력자들의 잘못을 폭로했다. 이러한 소크라테스를 눈엣가시
로 여긴 권력자가 고소해 소크라테스는 재판에 넘겨졌다. 그리고
기원전 399년에 '청년들을 타락시키고 새로운 종교를 끌어들였다.'
는 죄목으로 사형 선고를 받았다. 소크라테스가 알키비아데스의
스승이었기 때문에 내려진 보복성 판결이라고 보기도 한다.

아테네 학당
이탈리아 르네상스를 대표하는 화가 중 하나인 라파엘로가 1787년에 그린
프레스코 화로, 바티칸 궁전 라파엘로의 방 가운데 세냐투라의 방에 있다.
소크라테스와 제자인 플라톤, 아리스토텔레스와 여러 학자, 청중을 그렸는데,
왼쪽 위 무리 중에서 소크라테스는 제자인 알키비아데스(또는 알렉산드로스 3세)와
청중들에게 손가락을 펴며 자신의 주장을 펴고, 가운데에서 플라톤은 이상주의자로
하늘을 가리키며, 그 옆의 아리스토텔레스는 현실주의자로 땅을 가리키고 있다.

친구들이 중심이 되어 탈출시키려 했지만, 소크라테스는 '판결이 잘못되었을지라도 법정의 판결은 지켜야 한다.'는 이유로 독이 든 잔을 마시고 죽었다.

그리스 철학을 완성한 플라톤과 아리스토텔레스

소크라테스의 제자 플라톤은 소크라테스의 가르침을 체계화해 자신이 세운 아카데메이아에서 널리 가르쳤다. 플라톤은 우주가 상대적이고 변화하는 물질계와 이데아(이념형, 형상)라는 정신적 영역으로 이루어져 있다는 이데아론을 주장했다. 플라톤은 스승 소크라테스를 죽인 아테네의 민주주의를 경멸해 철학자 군주가 다스리는 이상 국가를 주장했다.

플라톤의 제자 아리스토텔레스는 알렉산드로스 3세의 스승으로, 여러 학문을 체계적으로 정리하여 서양 문명의 기초를 닦았다.

페르시아 전쟁과 펠로폰네소스 전쟁

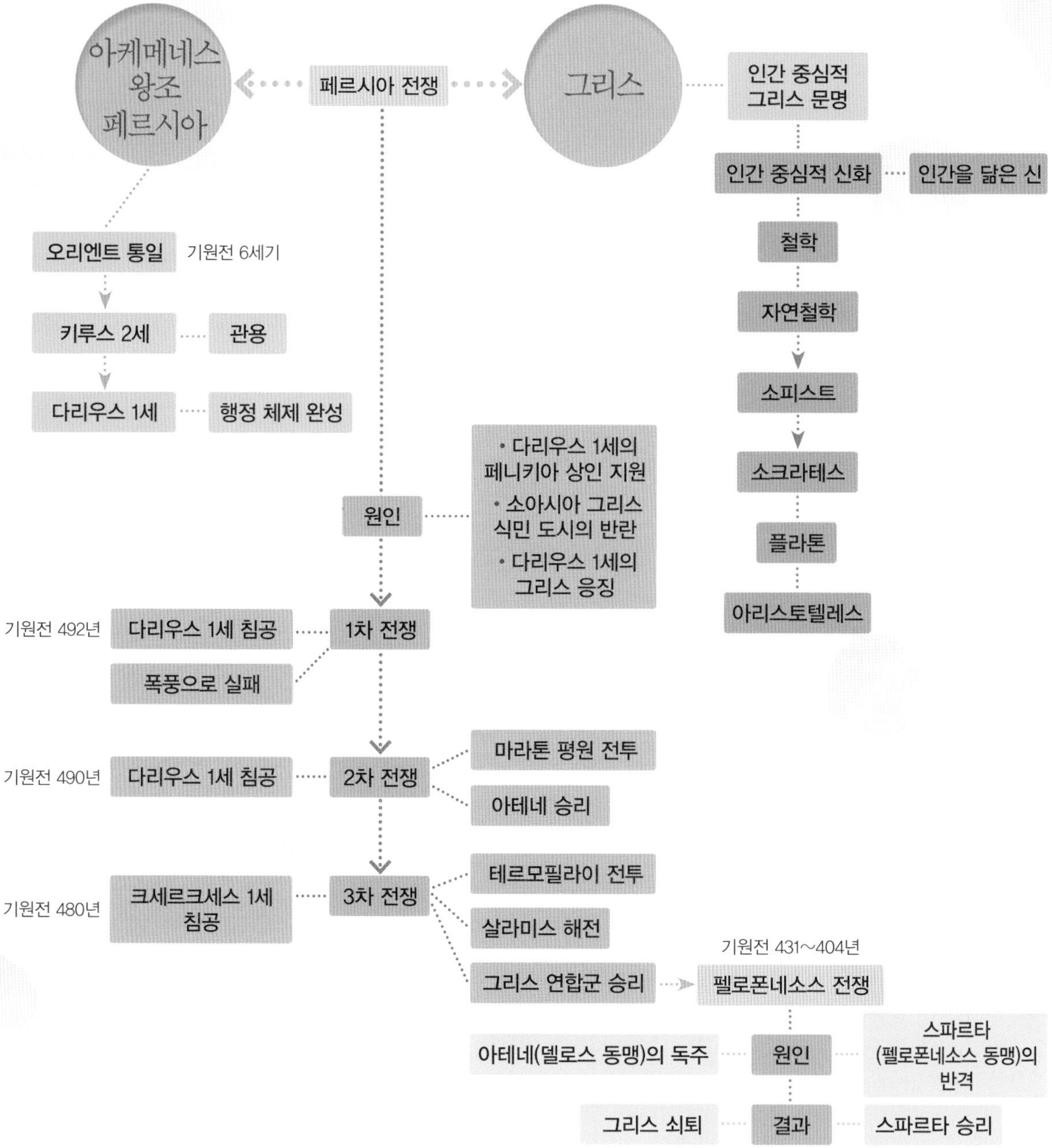

아케메네스 왕조 페르시아 ◄┈┈ 페르시아 전쟁 ┈┈► 그리스 ┈┈ 인간 중심적 그리스 문명

인간 중심적 신화 ┈┈ 인간을 닮은 신

철학

자연철학

소피스트

소크라테스

플라톤

아리스토텔레스

오리엔트 통일 ── 기원전 6세기

키루스 2세 ┈┈ 관용

다리우스 1세 ┈┈ 행정 체제 완성

원인 ┈┈
- 다리우스 1세의 페니키아 상인 지원
- 소아시아 그리스 식민 도시의 반란
- 다리우스 1세의 그리스 응징

기원전 492년 ── 다리우스 1세 침공 ── 1차 전쟁 ┈┈ 폭풍으로 실패

기원전 490년 ── 다리우스 1세 침공 ── 2차 전쟁 ┈┈
- 마라톤 평원 전투
- 아테네 승리

기원전 480년 ── 크세르크세스 1세 침공 ── 3차 전쟁 ┈┈
- 테르모필라이 전투
- 살라미스 해전
- 그리스 연합군 승리

기원전 431~404년 ──► 펠로폰네소스 전쟁

아테네(델로스 동맹)의 독주 ── 원인 ── 스파르타(펠로폰네소스 동맹)의 반격

그리스 쇠퇴 ── 결과 ── 스파르타 승리

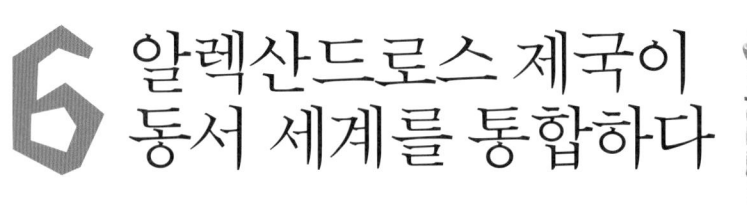

6 알렉산드로스 제국이 동서 세계를 통합하다

출발해 볼까?

알렉산드로스 원정로

알렉산드로스 3세

펠로폰네소스 전쟁으로 그리스가 쇠퇴하자 마케도니아의 필리포스 2세가 그리스를 정벌했다. 필리포스 2세의 아들 알렉산드로스 3세는 오리엔트 정벌에 나서 아케메네스 왕조 페르시아를 멸망시키고 이집트와 서아시아, 인도 북서부에 이르는 대제국을 건설했다. 알렉산드로스 제국은 그리스 문화와 오리엔트 문화를 융합한 헬레니즘 문화를 발전시켰다.

새로운 강자, 마케도니아

마케도니아는 그리스 북부에 있는 나라로, 그리스 인들에게는 변방의 촌뜨기 취급을 받았다. 기원전 5세기경에는 아케메네스 왕조 페르시아 제국의 지배를 받다가 그리스가 승리하면서 독립했다. 기원전 4세기 중엽에는 그리스의 육군 강국 테베의 간섭과 귀족들의 대립, 북방 이민족들의 침입으로 국력이 크게 약화되었다.

마케도니아 왕 아민타스 3세의 셋째 아들인 필리포스 2세는 소년 시절에 마케도니아가 약소국으로 전락하는 것을 지켜보며 자랐고, 테베에서 인질로 지내는 수모까지 겪어야 했다. 하지만 테베에서의 인질 생활은 그 자신과 마케도니아에 전화위복이 되었다.

형이 북방 이민족의 침략을 막아 내다 전사하면서 왕위에 오른 필리포스 2세는 국방 체계를 혁신해 마케도니아 군대를 그리스 아니, 세계 최상으로 만드는 데 성공했다. 그는 다음과 같은 조치를 취했다.

첫째, 그리스 중장보병의 전투 대형을 개량하는 한편 방패의 크기를 줄이고 창의 길이는 늘였다. 이에 따라 앞뒤 줄이 번갈아 계속 공격하면서 전진할 수 있게 되어 공격력이 극대화되었다.

둘째, 기병대를 대규모로 편성해 적진을 돌파하거나 우회 공격을 하는 데 운용했다.

셋째, 보급 노예의 수를 줄였다. 이전의 군대는 보병 하나하나가 노예를 여럿 데리고 다니면서 이들에게 식량과 장비를 운반하고 취사, 세탁, 진지 구축 따위를 하도록 했다. 당연히 군대의 이동 속

필리포스 2세가 인질 생활을 하던 당시 테베는 그리스의 패권을 차지한 스파르타에 맞서 전쟁을 벌이고 있었다. 테베가 새로운 군사 전술을 도입해 스파르타군을 격파하는 과정을 지켜보며 필리포스 2세는 많은 것을 배웠다.

필리포스 2세
3세기경에 만들어진 승리 메달에 필리포스 2세를 새겼다.

도가 매우 느릴 수밖에 없었다. 필리포스 2세는 보병 여럿에 노예 하나를 붙여 보급을 맡김으로써 군대의 이동 속도를 크게 높였다. 적들은 예상보다 빠르게 이동한 군대에 허를 찔려 허둥대기 일쑤였으므로 쉽게 이길 수 있었다.

넷째, 이것이 가장 중요한데, 병사들에게 봉급을 주었다는 것이다. 이런 직업 군인들은 전쟁이 터지면 자기 돈으로 식량과 장비를 사서 군대에 가던 시민들에 비해 군사 훈련이나 전투 경험에서 크게 앞섰다.

문제는 이러한 조치들에는 엄청난 돈이 든다는 것이었다. 필리포스 2세는 강력한 왕권을 바탕으로 전쟁에서 획득한 전리품을 처분해 돈을 마련했다.

애마 부케팔로스를 길들이는 알렉산드로스
프랑스 화가 프랑수아 쇼머가 19세기 말에 그린 작품이다.

필리포스 2세는 우선 마케도니아를 괴롭혀 온 북방 이민족들을 격퇴하여 북방 변경을 안정시켰다. 그런 다음, 그리스 폴리스들의 세력 다툼에 개입해 세력을 떨치기 시작했다.

기원전 339년에는 군대를 이끌고 그리스 본토로 진격했다. 그러다가 카이로네아에서 그리스 연합군의 기습을 받았다. 여기에서 필리포스 2세의 천재적인 재능이 빛을 발했다. 그는 후퇴하는 척하며 추격하는 그리스군의 전열을 흐트러뜨리고는 기병대를 우회시켜 그리스군의 뒤를 쳤다. 배후를 찔린 그리스군이 당황하자 후퇴하던 마케도니아군이 방향을 바꿔 공격에 합세했다. 보병과 기병 가운데 끼인 그리스군은 참패하고 말았다. 이때 기병대를 지휘한 이가 필리포스 2세의 아들인 알렉산드로스이다.

이제 필리포스 2세를 막을 자는 어디에도 없었다. 하지만 그는 군사력으로 그리스를 정복하는 대신, 코린트 동맹을 제의했다. 페르시아 제국을 정벌하기 위해서이다. 그리스 폴리스들은 동맹에 자발적으로 참여했다.

하지만 뜻밖에 필리포스 2세가 암살당하면서 정복 전쟁은 아들인 알렉산드로스 3세의 몫이 되었다.

동방 원정에 나선 알렉산드로스 3세

알렉산드로스 3세는 부왕을 암살한 세력을 색출한다는 명분으로 반대 세력을 제거해 왕권을 확립했다. 이윽고 코린트 동맹에서 페르시아 원정 총사령관으로 임명된 그는 아버지가 물려준 세계 최강 마케도니아군을 이끌고 페르시아 원정에 나섰다. 첫 번째 목표는 마케도니아 북동부의 트라키아였다.

이때 테베를 중심으로 하여 마케도니아를 반대하는 봉기가 일어났다. 알렉산드로스 3세는 원정군을 테베로 돌렸다. 테베가 항복하지 않고 끝까지 싸우자, 그는 무자비한 공격을 퍼부었다. 도시를 불태우고 성인 남성 약 6,000명을 학살하고는 나머지 주민을 모두 노예로 삼은 것이다. 겁을 집어먹은 그리스 폴리스들은 알렉산드로스 3세의 동방 원정에 적극 협력했다.

기원전 334년 보병 3만 명, 기병 5,000여 명, 그리스 연합군 7,000명으로 이루어진 원정군은 다르다넬스 해협을 건너 소아시아 반도로 들어갔다. 소아시아의 속주 총독들이 소집한 페르시아

알렉산드로스 3세의 *페르시아 원정*에는 경제적인 목적이 컸다. 부왕 때부터 강력한 군대를 양성하느라 비어 버린 나라 곳간을 페르시아 제국의 풍부한 재물로 채우려는 것이었다.

이수스 전투
독일 화가 알브레히트
알트도르퍼가 1529년에 그린
작품이다.

군이 그라니쿠스 강가에 포진한 채 원정군을 기다리고 있었다. 알렉산드로스 3세가 기병을 우회 기동하는 척하자, 페르시아군도 기병대에 맞서기 위해 병력을 이동했다. 원정군은 페르시아군이 병력을 재배치하는 그 실낱같은 틈을 이용해 급습하여 격파했다.

알렉산드로스 3세는 소아시아 반도의 그리스 식민 도시들을 해방한 뒤, 지중해 동부 연안으로 남하했다. 페르시아 제국의 다리우스 3세도 10만 대군을 이끌고 지중해 동부 연안으로 나아갔다.

기원전 333년 가을, 알렉산드로스 3세가 이끄는 원정군 4만여 명과 다리우스 3세가 이끄는 페르시아군 10만 명이 마침내 맞붙었다. 이수스의 좁은 강을 사이에 두고서다.

페르시아 기병대가 수적 우위를 바탕으로 알렉산드로스의 원정군 기병대를 덮쳤다. 원정군 기병대를 무력화한 후 보병을 덮치면 끝이라는 생각이었다. 하지만 상황은 그렇게 돌아가지 않았다. 원정군은 기병대로 페르시아 기병대의 공세를 버티게 하고, 그 사이

보병대가 페르시아군 보병대를 돌파했다. 페르시아군 보병대 뒤에는 다리우스 3세 등 지휘부가 있었다. 보병대가 돌파당하자 다리우스 3세는 말을 타고 도주했고, 페르시아군은 순식간에 지휘 체계가 마비되었다.

그즈음, 원정군 기병대는 페르시아군 기병대의 공격에 더는 버티지 못해 흩어져야 할 판이었다. 이때 알렉산드로스 3세는 보병대에 숨겨 두었던 일부 기병대로 페르시아 기병대의 옆구리를 쳤다. 예상치 못한 공격에 당황한 페르시아 기병대가 퇴각하면서 페르시아군 전열은 완전히 무너져 내렸다.

전쟁에서 이긴 알렉산드로스 3세는 다리우스 3세의 어머니와 처자식을 포로로 붙잡았지만 매우 극진하게 대했다.

알렉산드로스 3세는 지중해 동부 연안을 지나 이집트로 진격했다. 이집트 인들은 그를 페르시아 제국의 압제로부터 자신들을 구

알렉산더 대왕의 알렉산드리아 건설
알렉산드로스 3세가 그리스 건축가 디노크라테스에게 자신의 이름을 딴 이집트 도시 알렉산드리아 건설에 대하여 지시를 내리고 있다. 플라시도 코스탄치가 1736년경에 그린 작품이다.

해 준 구원자로 받아들여 열렬히 환영했다. 알렉산드로스 3세는 제사장들을 회유해 파라오에 즉위한 뒤, 북아프리카 연안에 자신의 이름을 딴 도시 알렉산드리아를 건설했다.

기원전 331년에 알렉산드로스 3세는 페르시아로 진격했다. 다리우스 3세는 지금까지 점령한 땅을 인정할 테니 진격을 멈추라며 한 가지 제의를 했다. 알렉산드로스 3세는 '서방의 왕', 자신은 '동방의 왕'으로 평화롭게 지내자는 안이었다. 어려서부터 세계 정복의 야망을 키워 왔던 알렉산드로스 3세는 '세계의 왕'인 자신의 지위를 받아들여 속국의 왕으로 살든지 결판을 내든지 선택하라는 답장을 보냈다.

결국 가우가멜라 평원에서 양군이 맞붙었다. 그리스 원정군 4만 명 대 페르시아군 25만 명의 전투. 승리의 여신은 원정군 편이었다. 알렉산드로스 3세는 자욱한 먼지로 페르시아군 기병대가 갈

가우가멜라 전투
샤를 르 브룬의 〈가우가멜라 전투〉에 영감을 받아 새긴 상아 부조이다. 알렉산드로스 3세는 가우가멜라에서 원정군 4만 명을 이끌고 용병들을 중심으로 한 페르시아 군 25만 명을 격파하는 기염을 토했다.

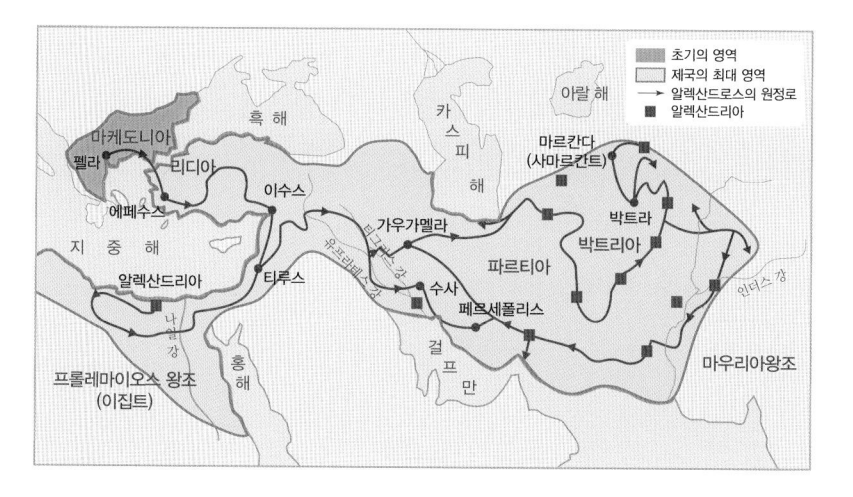

알렉산드로스 3세의 원정과 알렉산드로스 제국
아케메네스 왕조 페르시아를 정벌한 알렉산드로스 3세는 이집트와 서아시아, 인도 북서부에 이르는 대제국을 건설했다.

팡질팡하는 틈을 타 페르시아군을 격파했다. 그는 이집트에서 그 랬던 것처럼 토착 제사장들을 후원해 서아시아 사람들의 환심을 샀다.

알렉산드로스 3세는 다리우스 3세를 카스피 해 부근까지 추격 했는데, 그가 박트리아 지방에서 부하들에게 피살되었다는 소식 을 들었다. 박트리아 지방으로 진격한 알렉산드로스 3세는 자기 왕을 죽인 부하를 붙잡았다. 그러고는 페르시아 제국의 수도였던 엑바타나에서 공개 처형했다.

알렉산드로스 3세는 페르시아 제국을 점령했음에도 원정을 멈 출 생각이 없었다. 박트리아를 떠나 인더스 강을 건너 인도로 진 격했다. 하지만 인도의 무덥고 끈끈한 정글에 가로막혀 인도 동북 부의 갠지스 강 유역까지는 나아가지 못했다. 원정군이 더는 가지 못하겠다며 드러눕자, 그도 인도 정벌을 포기하고 메소포타미아 지방으로 되돌아왔다.

이때가 기원전 324년이었다. 알렉산드로스 3세는 마케도니아를 떠나 원정에 오른 지 불과 10년 만에 유럽과 아시아, 아프리카에 걸치는 대제국을 건설한 것이다. 1,500년 뒤에 등장한 칭기즈 칸을 제외하고는 누구와도 겨룰 수 없는 대단한 업적이다.

성공을 가져온 요인으로는 알렉산드로스 3세의 천재적인 군사 전략과 허를 찌르는 기병 운용을 들 수 있다. 그 밖에 현지 주민들의 종교와 관습, 토착 권력을 존중해 끌어안는 관용적인 태도도 중요한 요인이었다.

셋으로 쪼개진 제국

알렉산드로스 3세는 오리엔트의 이국적인 문화에 매료되었다. 군주를 신의 대리인이나 반신으로 섬기는 태도가 특히 마음에 들었다. 그는 자신이 건설한 대제국에 그리스 인을 이주시키고, 그리스 인과 서아시아 인의 결혼을 장려하는 등 동서 세계의 융합에 온 힘을 기울였다.

알렉산드로스 3세는 알렉산드로스 제국이라는 하나의 울타리 안에서 모든 사람이 인종과 종교를 뛰어넘어 하나의 시민, 세계 시민이 되는 세상을 꿈꿨다. 하지만 인도 원정에서 돌아온 지 1년 만에 세상을 뜨고 말았다. 그의 나이 불과 서른셋이었다.

알렉산드로스 3세가 후계자를 지명하지 않고 죽었기 때문에 부하들은 선왕의 이복동생과 아들을 공동 왕으로 추대했다. 그리고 제국을 몇 개의 속주로 나누어 자신들은 총독이 되었다. 공동 왕에 오른 이복동생과 아들은 결국 부하들에게 피살되었다.

부하들의 피비린내 나는 권력 다툼 끝에 제국은 셋으로 쪼개졌다. 본국인 마케도니아에는 안티고노스 왕조가, 이집트에는 프톨레마이오스 왕조가, 서아시아에는 셀레우코스 왕조가 들어섰다.

동서 문화를 융합한 헬레니즘 문화

비록 제국은 셋으로 쪼개졌지만, 지중해에서 인더스 강 유역까지의 제국 영역은 하나의 경제권으로 활발하게 교류하면서 크게 번성했다. 이러한 교류는 동서 문화가 융합된 헬레니즘 문화를 낳았다.

헬레니즘 문화는 알렉산드로스 3세가 꿈꾸던 세계 시민주의를 바탕으로 삼았다. 원래 그리스 인들은 인간을 그리스 인과 야만인으로 나누는 것이 자연의 섭리이자 신의 명령이라고 보았다. 인간을 인간답게 하는 것은 이성인데, 그리스 인은 이성을 가지고 있지만 야만인은 이성이 없다는 것이다. 지극히 자기중심적이고 차별적인 인간관이다.

그런데 이러한 그리스적 인간관은 알렉산드로스 제국에 더는 맞지 않았다. 그리스 인의 이주와 서아시아 인과의 결혼으로 인종의 혼합이 이루어지고 있는 상황에서 언제까지나 그리스적 인간관을 고집할 수는 없었다. 그것보다는 모든 인간에게 이성이 있으니 자신을 사랑하는 만큼 가족이나 친구, 더 나아가 인류 전체를 사랑하라는 것이 더욱 적합하다. 그래서 헬레니즘 철학의 일파인 스토아학파는 적이나 노예에게조차 친절하게 대하라고 주장했다.

헬레니즘 문화는 개인주의를 바탕으로 삼았다. 폴리스나 국가와

헬렌(Helen)이 '그리스 인'을 가리키는 말이니 **헬레니즘**은 그리스 인들이 이룩한 정신세계와 문화를 일컬어야 할 것이다. 그런데 실제로는 알렉산드로스 제국에서 만들어진 문화를 가리킨다. 알렉산드로스 제국의 문화가 그리스 문화를 바탕으로 하고 있기 때문에 이런 이름이 붙었는데, 19세기 초 인도의 역사가인 드로이젠이 처음 썼다.

같은 공동체의 이익보다는 개인의 행복을 추구한 것이다. 폴리스나 국가의 이익을 추구하는 것은 분열과 전쟁으로 이어지고, 개인의 행복을 추구하는 것은 통합과 평화를 낳는다는 생각이다.

그렇다면 개인의 행복은 어디에서 올까? 이 문제를 놓고 서로 다른 주장을 편 것이 에피쿠로스학파와 스토아학파이다.

에피쿠로스학파는 쾌락이야말로 행복이라고 보았다. 여기에서 쾌락은 육체적인 쾌락이 아니라 정신적인 쾌락이다. 명상이나 성찰을 통해 영혼의 평정을 이루는 것이야말로 최고의 쾌락이니, 마음의 평정이야말로 최고의 행복이라는 결론에 도달했다. 반면 스토아학파는 행복은 자연의 질서에 순응하는 데서 온다고 보았다. 그러려면 욕망에 흔들리지 말고 금욕하고 자제해야 한다고 주장했다. 결국 운명을 받아들여 마음의 평정을 이루는 것이야말로 최고의 행복이라는 결론에 도달했다. 둘 다 과정은 다를지라도 똑같은 결론에 도달한 것이다.

이 시대에는 국가가 앞장서서 자연과학 연구를 지원하고 장려했다. 이집트의 프톨레마이오스 왕조는 알렉산드리아 궁전 옆에 도서관과 박물관을 세웠다. 도서관은 50만 개 이상의 파피루스 두루마리(책)를 소장해 학문의 중심으로 떠올랐다. 그리고 박물관은 천문대, 동물원, 해부실, 강당, 강의실, 정원 등의 부속 시설을 갖추고 100명 이상의 과학자들에게 자유롭게 연구할 환경을 제공했다. 여러 대도시에도 도서관과 박물관이 자리 잡아 과학자들의 연구를 지원했다.

이러한 환경을 갖췄으니 천문학과 수학, 물리학, 의학 등 자연과학이 크게 발달한 것은 놀라운 일이 아니다. 히파르코스는 달의 지름과 달에서 지구까지의 거리를 계산했고, 에라토스테네스는 지구의 둘레를 계산했다. 아리스타르코스와 프톨레마이오스는 태양 중심설과 지구 중심설을 놓고 논쟁을 벌였다. 유클리드는 기하학을 정리했고, 히파르코스는 삼각법(삼각함수)의 기초를 닦았다. 아르키메데스는 부력의 원리를 발견했고 지렛대, 도르래, 나사 등의 원리를 공식으로 만들었다. 해부학이나 의학의 발달도 놀라워 뇌의 각 부분과 기능, 동맥과 정맥, 말초혈관의 연결, 운동 신경과 지각 신경의 차이, 심장판막과 그 기능 등이 이때 벌써 알려졌다.

밀로의 비너스
기원전 150년경 안티오키아의 조각가가 만든 헬레니즘 시대의 걸작이다. 1820년에 밀로스 섬에서 발견되어 파리 루브르박물관에 소장되어 있다.

자연과학의 발전은 실제로 응용할 수 있는 기술의 발명으로 이어졌다. 아르키메데스는 복합 도르래, 양수용 스크루 펌프, 선박용 스크루, 볼록 렌즈 등을 발명했다. 그리고 헤론은 소방펌프, 사이펀, 수압식 오르간, 증기기관, 동전 투입식 기계, 제트 기관의 원조인 아에올리스의 공 등을 발명했다.

예술에서는 그리스의 인간 중심주의나 균형미와 절제미를 대신해 과장된 사실주의와 관능주의가 유행했다. 〈밀로의 비너스〉와 〈라오콘〉, 〈사모트라케의 니케〉는 당시 예술의 사실적이고 관능적인 측면을 잘 보여 주는 걸작이다.

건축에서는 소박하고 장중한 건축물이 사라지고 사치스러운 궁전과 호화롭고 정교한 건축물이 나타났다. 대표적인 예가 알렉산드리아의 등대인데, 높이가 약 120미터나 되었다.

이러한 헬레니즘 미술은 북부 인도를 다스린 쿠샨 왕조의 간다라 미술에 커다란 영향을 끼쳤다. 그리고 간다라 불상을 통해 중국과 우리나라, 일본의 미술에까지 영향을 주었다.

인간 중심의 철학과 예술, 과학 기술을 발전시킨 헬레니즘 문화는 이후 로마를 거쳐 유럽으로 이어져 근대 유럽 문화의 원류가 되었다.

알렉산드로스 제국

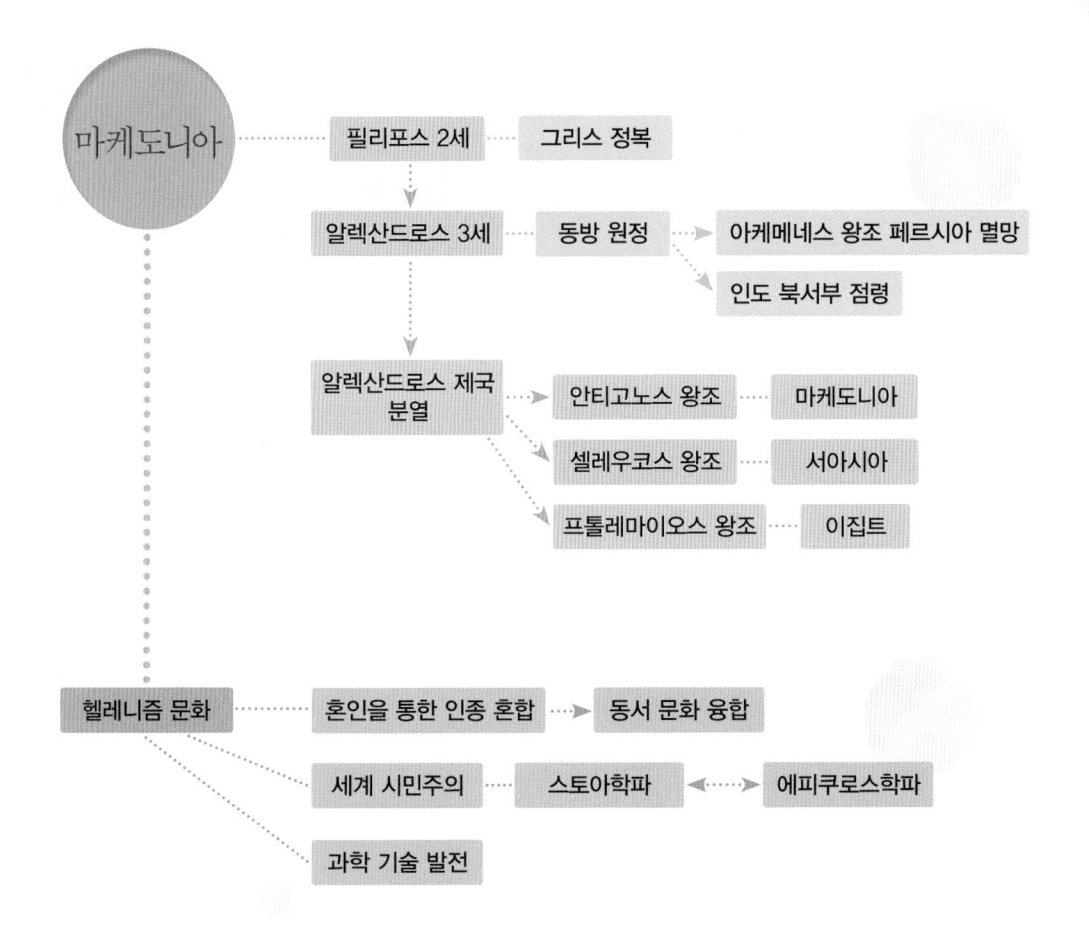

마케도니아 ⋯ 필리포스 2세 ⋯ 그리스 정복

알렉산드로스 3세 → 동방 원정 → 아케메네스 왕조 페르시아 멸망

→ 인도 북서부 점령

알렉산드로스 제국 분열 → 안티고노스 왕조 ⋯ 마케도니아

→ 셀레우코스 왕조 ⋯ 서아시아

→ 프톨레마이오스 왕조 ⋯ 이집트

헬레니즘 문화 ⋯ 혼인을 통한 인종 혼합 → 동서 문화 융합

세계 시민주의 ⋯ 스토아학파 ◄⋯► 에피쿠로스학파

과학 기술 발전

7 불교와 알렉산드로스 3세의 침공이 인도를 하나로 묶다

나도 인도 통일에 한몫했지!

알렉산드로스 3세

마우리아 왕조의 **아소카 왕**

쿠샨 왕조의 **카니슈카 왕**

인더스 문명을 멸망시킨 아리아 인은 갠지스 강을 따라 수많은 도시 국가를 세웠다. 이 나라들의 카스트 제도에 불만을 품은 크샤트리아와 바이샤가 자이나교와 불교를 창시했다. 알렉산드로스 3세의 침공으로 생긴 힘의 공백을 이용해 마우리아 왕조가 인도 북부를 통일했다. 그 뒤 인도 북부를 통일한 쿠샨 왕조의 카니슈카 왕이 대승 불교를 전파했다.

갠지스 강 유역으로 진출한 아리아 인

아리아 인은 중앙아시아 초원 지대의 서쪽 끝자락인 카스피 해와 흑해 사이 코카서스 지방에 살던 유목 민족이다. 기원전 2000년경 이들은 크게 두 갈래로 나뉘어 이동했다. 서쪽으로 간 아리아 인은 유럽 여러 민족의 모태가 되었고, 동쪽으로 간 아리아 인은 이란에 뿌리내리거나 인도 북서부로 나아갔다.

이란에 뿌리내린 이들은 페르시아 제국을 세웠다. 이란이라는 이름도 '아리아 인의 땅'이라는 뜻이다. 인도 북서부 인더스 강 유역으로 간 아리아 인은 인더스 문명을 멸망시켰다. 기원전 1500년경 인더스 강의 물길이 바뀌면서 가뜩이나 쇠퇴해 가던 인더스 문명에 결정타를 날린 셈이다.

아리아 인은 태양의 신, 폭풍의 신, 불의 신, 번개의 신, 새벽의 신 등 수많은 자연신을 모시면서 제사를 드렸다. 아리아 인에게 제사는 가장 중요하고 신성한 일이었다. 따라서 신에게 제사를 드리며 신과 소통하는 사제 계급 브라만이 최고의 지위를 누렸다. 그다음으로 정치와 군사를 맡는 귀족 계급인 크샤트리아, 농사를 짓고 가축을 기르는 평민 계급인 바이샤, 천한 일을 도맡아 하는 천민 및 노예 계급인 수드라로 나뉘었다. 이 신분제를 카스트라고 하는데, 카스트는 지금도 인도의 전통으로 굳건히 뿌리박고 있다.

브라만들은 기원전 1400년경에 〈리그베다〉를 비롯해 다양한 베다 문학을 남겼다. 베다 문학은 이들 신에 대한 찬가와 제사 절차, 주문, 사상 등을 담고 있는 브라만교의 경전이다.

유럽 여러 민족과 이란, 아프가니스탄, 파키스탄, 인도에 사는 여러 민족의 뿌리는 모두 *아리아 인*인 셈이다. 20세기 중반 독일의 히틀러는 이러한 역사적 사실을 아리아 인종의 우월성이라는 신화로 포장해 선전했고, 이를 바탕으로 유대인과 집시 등을 학살하는 만행을 저질렀다.

아리아 인은 철기 문명을 받아들여 기원전 10세기경부터 활동 무대를 인더스 강 유역에서 갠지스 강 유역으로 넓혀 나갔다. 인도 북부는 열대 계절풍 기후를 띠어 열대 우림이 무성했다. 아리아 인은 철로 만든 도끼와 칼로 나무를 베어 내고 불을 질러 경작지를 넓히는 한편, 갠지스 강이 흐르는 인도 북중부까지 이어지도록 길도 냈다. 아리아 인은 갠지스 강을 따라 중·하류로 내려가며 활동 무대를 더욱 넓혀 나갔다.

브라만교에 맞서 일어난 자이나교

갠지스 강 유역은 상류에서 떠내려온 토양이 쌓여 기름진 평야 지대를 이룬다. 인더스 강 유역과 갠지스 강 유역을 합쳐 인도 갠지스 평원이라 하는데 길이가 2,400킬로미터, 너비가 240~320킬로미터, 면적이 100만 제곱킬로미터에 이른다. 한반도의 다섯 배나 되는 크기이다. 이 지역은 고온 다습해 벼농사에 적합했기에 5,000년 전부터 벼농사를 지었다. 벼는 뿌리는 씨앗에 비해 수확이 가장 많은 작물로, 밀보다 5~10배를 더 거둘 수 있다. 그만큼 인구 부양력이 높다는 이야기이다.

갠지스 강 유역에 진출한 아리아 인은 벼농사를 지으면서 인구가 크게 늘었고, 식량 여유분도 많이 쌓였다. 이를 바탕으로 강을 따라 수많은 도시 국가가 들어섰다. 기원전 7세기부터 이 도시 국가들은 갠지스 강을 이용해 서로 교역하는 한편, 더 많은 영토와 부를 얻기 위해 서로 다퉜다.

교역과 정복 전쟁이 활발해지면서 자연스럽게 크샤트리아와 바이샤의 영향력이 커졌다. 하지만 브라만은 이들의 변화된 지위를 인정하지 않고 브라만교의 교리를 엄격하게 해석해 자신들의 지배를 강화하려 하였다. 이에 불만을 품은 크샤트리아와 바이샤를 중심으로 브라만교를 현실에 맞게 개혁하려는 움직임이 일었다. 자이나교와 불교가 그것이다.

기원전 6세기 초엽에 크샤트리아에 속하는 나타 족장은 '바르다마나'라는 아들을 낳았다. 바르다마나는 브라만교의 가르침에 회의를 품고 20대 후반에 출가해 수도자가 되었다.

바르다마나는 브라만교가 호화로운 제사에 큰돈을 들이고 많은 짐승을 잔인하게 도살하는 게 마음에 걸렸다. 신들이 이러한 허례허식을 바랄까, 아니면 마음을 다해 정성껏 드리는 제사를 바랄까. 허례허식 때문에 얼마나 많은 사람이 굶주리고 얼마나 많은 짐승이 죽어 가는가. 더욱이 짐승도 윤회하는 중생 아닌가. 이 생에서 쌓은 업에 따라 다음 생에 내가 짐승으로 태어날 수도 있지 않은가.

바르다마나는 고행과 명상을 거듭했다. 끝 모르는 고행으로 몸은 고달팠지만 마음은 잔잔한 바다처럼 가라앉았다. 그러다 문득 세상의 이치를 깨달았다. 깨달음을 얻은 바르다마나를 사람들은 마하비라(위

팔리타나의 자이나교 사원들
1860년대의 모습이다.

대한 영웅, 석가모니 부처를 모신 대웅전의 대웅과 같다),
지나(승리자 또는 구원자, 그가 창시한 종교인 자이
나교라는 말이 여기에서 나왔다)로 떠받들었다.

바르다마나는 약 30년 동안 사람들에게 자신
의 깨달음을 널리 퍼뜨렸고, 그의 가르침은 자이
나교로 발전했다. 그의 가르침은 크게 두 가지였
다. 하나는 불살생의 계율을 지키라는 것이었고, 다
른 하나는 고행과 명상을 통해 인간의 본성인 고귀한
영혼을 갈고닦으면 윤회에서 벗어나 해탈할 수 있다는 것이었다.

브라만교의 허례허식을 배격하는 자이나교의 가르침은 크샤트
리아와 바이샤들에게 큰 지지를 받았다.

바르다마나
사람들은 깨달음을 얻어
자이나교를 창시한
바르다마나를 마하비라,
지나로 떠받들었다.

부처가 된 싯다르타

브라만교를 비판한 또 다른 사람은 고타마 싯다르타이다. 싯다르타
의 비판은 브라만교의 허례허식을 꼬집는 데 그치지 않고 더 근본
적인 문제, 즉 카스트 제도 자체를 겨냥했다.

싯다르타는 기원전 6세기 중엽 카필라 왕국의 왕자로 태어났다.
카필라는 네팔 남부와 인도 국경 부근 히말라야 산맥 기슭에 샤
카(석가) 족이 세운 왕국이다. 싯다르타는 큰 탈 없이 자라 아름
다운 아내를 얻어 아들을 낳고 행복하게 살았다. 그러던 어느 날,
수레를 타고 가다 죽은 사람을 장사 지내는 장면을 보았다. 처음
보는 모습이었다. 주위를 둘러보니 늙고 병든 사람들도 있었다. 얼

사문유관

사문유관상은 부처의 일생을
여덟 폭으로 그린 팔상도의
세 번째 그림이다. 싯다르타가
네 개의 성문(4문)에서 태어나
고 늙고 병들고 죽는 인생의
네 가지 고통(생로병사의 4고)
을 처음 보는 장면을 그렸다.
이 그림은 15세기 초 일본에서
그려졌다.

마 후 수레 밖을 보니 허름한 옷을 걸친 추레한 승려 하나가 걸어
오고 있었다. 차림새와 달리 그 승려의 얼굴에는 그늘 한 점 없었
고 입가에는 해맑은 미소가 서려 있었다.

싯다르타는 고민했다. 왜 사람은 태어나고 늙고 병들고 죽는가?
왜 사람은 윤회의 사슬을 벗어나지 못하고 고통을 거듭하는가?
승려는 어떻게 그늘 하나 없이 해맑은 미소를 지을 수 있는가? 무
엇이 승려로 하여금 고통의 바다를 미소 짓고 건너게 하는가? 승
려는 고통의 바다를 건너 윤회의 사슬을 끊었는가? 승려는 깨달
았는가? 무엇을 깨달았는가?

고뇌의 나날이 계속되었다. 결국 싯다르타는 아내와 자식 그리
고 왕자의 신분을 버리고 수행자가 되었다. 그의 나이 스물아홉
살 때였다. 싯다르타는 세속의 온갖 욕심을 버리고 고행을 거듭했
다. 아무것도 먹지 않아 해골이 될 지경에 이르렀으나 깨달음은

찾아오지 않았다. 고행으로는 깨달음을 얻을 수 없었다.

싯다르타는 고행을 중단하고 보리수 아래에서 몸을 추스르기 시작했다. 그러다 갑자기 깨달음이 찾아왔다. 싯다르타는 두 눈을 감고 곰곰이 생각에 잠겼다. 모든 걸 버린 줄 알았지만 깨달으려는 마음만은 버리지 못했고, 그 마음이 집착이 되어 깨달음을 방해한 것이다. 싯다르타는 자신의 깨달음을 사람들에게 널리 알려 나갔고, 수많은 사람이 제자가 되고 신자가 되었다.

싯다르타의 가르침은 이랬다. 부처는 윤회의 사슬을 끊고 깨달음을 얻은 자이다. 브라만만 부처가 될 수 있는 게 아니라 크샤트리아, 바이샤, 수드라도 부처가 될 수 있다. 깨닫기만 한다면, 바르게 살기만 한다면 누구라도 말이다. 바르게 보고, 바르게 생각하고, 바르게 말하고, 바르게 행동하고, 바르게 생활하고, 바르게 노력하고, 바르게 마음먹고, 바르게 명상하면 태어나고 늙고 병들고 죽는 고통의 바다에서 벗어날 수 있다. 윤회의 사슬을 끊고 깨달음을 얻을 수 있다. 어느덧 사람들은 싯다르타를 부처라 불렀고 그의 가르침은 부처의 가르침, 불교가 되었다.

차별에 반대하고 평등과 자비를 내세우는 불교는 브라만교와 카스트 제도에 불만을 품고 있던 사람들의 환영을 받았다. 크샤트리아와 바이샤의 지지가 늘어나면서 불교를 국교로 삼는 나라도 점점 늘어났다.

인도를 통일한 마우리아 왕조

인도는 기원전 4세기까지 수많은 도시 국가로 나뉜 채 서로 대립했다. 16개국이 도시 국가들 사이의 정복 전쟁에서 두각을 나타냈는데, 그중에서도 마가다는 인도 북동부 지방을 석권해 인도의 최강자로 떠올랐다.

마가다는 바르다마나와 싯다르타가 수행한 곳으로, 자이나교와 불교의 발상지이다. 빔비사라 왕은 왕으로서는 최초로 석가모니의 제자가 되었다. 그는 수도인 라즈기르(왕사성)에 최초의 불교 사원인 죽림정사를 세웠고, 그의 후손들도 자이나교와 불교를 보호했다.

한편 기원전 326~325년에 알렉산드로스 3세가 인더스 강 유역을 원정하면서 인도 도시 국가들에 변화가 나타나기 시작했다. 다리우스 3세를 추격해 박트리아 지방까지 온 알렉산드로스 3세의 원정군은 인더스 강을 건너 인도 북서부로 들어왔다. 당시 이 지역에서는 도시 국가인 탁실라와 포루스가 전쟁을 벌이고 있었는데, 알렉산드로스 3세는 탁실라의 편에 서서 포루스를 물리쳤다. 그는 인도 북서부 여러 나라를 평정하고 속국으로 삼았다. 한 걸음 더 나아가 열대우림을 뚫고 갠지스 강 유역으로 진출하려고 했지만, 부하들이 못 가겠다고 드러누우면서 동진을 포기하고 되돌아갔다.

알렉산드로스 3세가 이곳에서 벌인 2년간의 원정은 인도의 역사에 깊은 흔적을 남겼다. 알렉산드로스 3세는 인더스 강 유역 펀자브 지방의 여러 도시 국가를 속국으로 삼아 이 지역을 사실상 통일했고, 이는 인도 통일을 앞당기는 데 이바지했다. 아울러 알렉산드로스 3세의 침공은 침공당한 사람들에게 모두 다 인도인이라는 동질감을 심어 주었고, 이러한 민족적 자각 역시 인도의 통일에 한몫했다.

이러한 시대적 흐름을 가장 빨리 깨달은 사람은 마우리아 족장의 아들인 찬드라굽타였다. 기원전 325년, 찬드라굽타는 감당하기 힘들 만큼 무거운 세금을 거둬 백성을 도탄에 빠뜨린 마가다의 난다 왕조를 무너뜨리고 스스로 마가다의 왕이 되었다. 기원전 323년에는 알렉산드로스 3세의 죽음을 계기로 통치권이 무너진 펀자브 지방을 차지했다. 펀자브 정복으로 인도 갠지스 평원 전체를 손에 쥐었으니 사실상 인도 북부를 통일한 것이다. 찬드라굽타는 기원전 321년에 자기 부족의 이름을 딴 마우리아 왕조를 세웠다.

찬드라굽타는 아케메네스 왕조 페르시아 제국의 행정 체계를 본떠 인도 전역을 다스리는 행정 제도를 만들었다. 브라만 계급의 정치가로 자신의 후견인이었던 차나키아의 가르침에 따른 것이다. 기원전 305년, 찬드라굽타는 알렉산드로스 제국을 나눠 가진 셀레우코스 왕조의 침략을 막아 내고 인도 남부까지 정복했다.

마우리아 왕조는 제3대 아소카 왕 때 전성기를 맞았다. 이복형제 수십 명을 죽이고 왕위에 오른 아소카 왕은 젊어서 어찌나 포악했던지, '악마 아소카'라는 별명이

찬드라굽타에 얽힌 이야기

찬드라굽타는 마우리아 족장인 아버지가 죽자 사냥꾼에게 팔려갔다가 차나키아의 눈에 띄어 탁실라에서 군사학을 배우고 있었다. 그가 알렉산드로스 3세를 만난 뒤 잠이 들었는데 꿈속에서 사자 한 마리가 나타나 몸을 핥으면서 용기를 북돋았다.

두 사람이 만난 적이 없기 때문에 이 이야기는 알렉산드로스의 후광을 이용해 펀자브를 차지하려고 찬드라굽타가 만들어 낸 것으로 보인다.

찬드라굽타는 현자 바드라바후의 영향을 받아 자이나교 신자가 되었는데, 바드라바후가 12년간의 기근을 예언했지만 이를 막을 수 없어 절망에 빠졌다. 그는 자식에게 왕위를 물려주고 바드라바후의 제자가 되어 고행과 단식, 명상을 하다 눈을 감았다. 기근으로 고생하는 백성들을 위해 단식하다 죽었다는 이야기도 있는데, 앞의 이야기가 변형된 것으로 보인다.

델리 빌라 만디르 사원의 찬드라굽타상
찬드라굽타는 차나키아의 도움으로 용병을 모으고 대중의 지지를 얻어 난다 왕조를 무너뜨렸다.

붙을 정도였다. 그런 아소카였기에 전쟁을 일으킨 것은 어찌 보면 당연한 일이었다. 그는 인도 전역을 통일하는 최초의 군주가 되겠다는 야망에 불타고 있었다.

왕위에 오른 지 8년 만에 아소카 왕은 인도 중남부의 칼링가 정복에 나섰다. 난다 왕조가 무너지는 혼란기에 마가다의 지배에서 벗어난 칼링가는 인도 동부와 남부, 동남아시아를 잇는 육로와 해로를 장악하고 마우리아 동남부를 자주 침략해 약탈을 일삼았다. 아소카 왕에게 칼링가는 참을 수 없는 모독이었을뿐더러 앞으로의 발전을 위해 반드시 장악해야 하는 곳이었다.

아소카 왕은 대군을 이끌고 칼링가로 진격했다. 칼링가 사람들은 상대가 되지 않는 전력임에도 죽음을 무릅쓰고 맞섰다. 하지만 중과부적이어서 칼링가 인 10만 명이 죽고, 15만 명이 포로로 잡혔으며, 그 몇 배나 되는 사람들이 실종되는 참혹한 결과로 끝났다.

그런데 가족의 생사를 물으며 헤매는 사람들과 주검을 부여안고 우는 사람들의 비참한 모습이 아소카 왕의 가슴을 두드렸다. 아소카 왕은 마음 깊은 곳에서 올라오는 고뇌에 참회의 눈물을 흘렸다. 승리자로서 돌아오는 길에 아소카 왕은 신하들에게 이렇게 말했다.

"내가 한 일은 제국을 넓히고 번성시키기 위한 것인가, 아니면 단지 다른 왕국을 파괴하기 위한 것인가? 남편 잃은 여인, 아버지를 잃은 자식, 아이 잃은 부모……. 이것은 과연 승리의 징표인가, 패배의 징표인가?"

이러한 고민 끝에 독실한 불교도가 된 아소카 왕은 무력을 동원한 정복 전쟁을 그만두고, 다르마(불법)에 기반을 둔 통치로 전환했다.

"모든 사람은 나의 자식이다. 내 아이들에게 이 세상과 저 세상의 모든 행복과 건강을 가져다주려고 하는 것과 마찬가지로 나는 모든 사람에게도 똑같이 해 주고 싶다."

자비심으로 나라를 다스리고 불법을 널리 전파하면 마우리아 왕조를 따르려는 마음이 저절로 생기고 자연스레 통일이 이루어진다는 생각이었다. 요즘으로 치면 고도의 문화 제국주의라고 할까? 문화 제국주의에서는 눈에 보이는 영토의 확대가 그리 중요하지 않다. 마음에서 우러나오는 복종이야말로 최고의 지배이기 때문이다. 아무튼 아소카 왕의 전략 선회로 인도 남부 일부는 마우리아 왕조의 지배를 받지 않고 독립을 지킬 수 있었다.

아소카 왕은 우선 자신이 다스리는 나라 안에서는 모든 사람이 같은 법에 따라 똑같은 대우를 받아야 한다고 생각했다. 그러려면 누구나 나라의 법령과 조칙이 무엇인지 똑똑히 알아야 했다. 아소카 왕은 법령과 조칙 내용을 누구나 알 수 있도록 절벽이나 높은 돌기둥에 새기게 했다.

아소카 왕은 법령과 조칙을 통해 불교의 가르침을 통치 이념으로 삼아 자비심으로 다스리는 나라가 얼마나 살기 좋은지 몸으로 보여 주었다. 그가 남긴 말이다.

아소카 왕의 법령과 조칙

아소카 왕이 절벽이나 돌기둥에 새기게 한 법령과 조칙은 다음과 같다.

'육식을 버리고 살생을 삼가며 흰 개미에서 앵무새까지, 돌고래에서 하마까지 모든 생명을 보전하라(불살생과 동물 보호).'

'종교들 사이의 소통은 선한 것이니, 다른 이들이 따르는 가르침에도 귀 기울이고 존중하라(타 종교 존중과 소통).'

'법률은 한결같아야 하고 판결은 일관성 있게 이루어져야 한다는 게 나의 신념이다. 사형 선고는 즉시 집행되어서는 안 되며, 사형수는 감옥에서 적어도 사흘 이상 머물러야 한다. 이 기간 동안 사형수의 친지들은 감형의 자비를 호소할 수 있고, 그렇게 호소하는 이가 없다면 사형수는 내세에서의 복락을 위해 금식을 포함한 의무를 지킬 수 있다(공정한 재판과 신중한 사형 집행, 자비).'

아소카 석주
인도 비하르 주 바이샬리에 있는 석주의 꼭대기에서 사자가 내려다보고 있다.

반얀나무는 가지가 뻗어 나가다가 처지면서 뿌리를 내려 또 가지를 낸다. 여러 그루가 모여 숲을 이룬 것처럼 보이지만, 사실은 한 그루이다. 인도를 대표하는 나무로 벵갈 보리수라고도 한다.

"나는 길을 따라 반얀나무를 심어 모든 짐승과 사람에게 그늘을 만들어 주었다. 나는 일정한 거리를 두고 우물을 파고 쉼터를 짓고 물이 흐르는 곳을 만들어, 모든 짐승과 사람이 이용할 수 있게 했다. 그러나 이런 것들은 대단치 않은 업적이다. 사람들의 행복을 위해 이미 예전의 왕들이 행했던 것들이다. 내가 그러한 일들을 시행한 것은, 사람들이 다르마를 실천할 수 있도록 하기 위함이다."

아소카 왕은 가로수를 심고, 우물을 파고, 약초를 재배해 공급하고, 휴게소와 병원 및 고아원을 세웠으며, 동물 병원도 지었다. 재미있는 것은 짐승과 사람을 똑같이 대했다는 것이다. 세상 만물이 윤회하기 때문에 어제의 짐승이 오늘의 사람이고, 오늘의 사람이 내일의 짐승이라는 생각에서이다.

아소카 왕은 아케메네스 왕조 페르시아 제국과 마찬가지로 전

법륜은 **진리의 수레바퀴**를 뜻하며 불교에서는 부처의 가르침을 상징한다. 사진은 인도 오리사 주 코나르크 마을의 태양 신전에 있는 부조 속 법륜이다.

국에 총독과 감찰관을 파견하고 도로망을 정비하는 등 중앙 집권 체제를 확립했다. 이는 찬드라굽타가 만든 행정 체계를 확대 시행한 것이다.

아소카 왕은 석가모니의 사리를 모아 산치 대탑에 모시고, 인도 각지에 불교의 가르침을 적은 비석과 돌기둥을 세우는 한편, 실론 섬을 비롯해 동남아시아 여러 지역에 불교를 전파했다.

불교도들은 아소카 왕을 전륜성왕으로 생각해 높이 떠받들었다. 전륜성왕은 고대 인도에서 이상으로 생각하는 제왕으로, 부처와 대등한 지위이다. 머리 위에 떠오른 진리의 수레바퀴(법륜)를 굴려 그 위엄으로 현실 세계를 다스리는 왕인데 무력이 아니라 불법으로 전 세계를 부처의 나라, 불국토로 만드는 왕 중 왕이다. 아소카 왕이 정복 전쟁을 그만두고, 다르마에 의한 통치를 주장하며, 자비심으로 인도를 지배하고, 불법을 전 세계에 널리 전파했으니 불교도들의 눈에는 그야말로 전륜성왕으로 비쳤을 것이다.

이 시기의 불교는 석가모니가 불교를 창시한 지 얼마 지나지 않은 때라 부처의 가르침에 따른 개인의 해탈을 중시했다. 부처가 가르친 방법대로 수행하면 고통의 바다와 윤회의 사슬에서 벗어날 수 있다고 보았다. 이를 부처의 가르침에 충실한 고승, 즉 상좌들의 불교라고 해서 상좌부 불교라고 한다.

쿠샨 왕조, 북인도를 다시 통일

인도를 통치했던 고대 민족 월지는 중앙아시아의 타림 분지에서 살다가 기원전 2세기 초에 흉노에 쫓겨서 서쪽으로 이주해 박트리아를 점령했다. 그 지역을 다섯 부족이 나눠 가졌는데 쿠샨 족도 그중 하나였다. 기원전 1세기에 쿠샨 족은 나머지 네 부족을 통일하고 쿠샨 왕조를 세웠다.

아소카 왕이 죽은 뒤 마우리아 왕조는 다시 수많은 왕국으로 분열되었다. 그 틈을 타 쿠샨 왕조가 인도로 쳐들어가, 2세기 중엽 카니슈카 왕 때에 이르러서는 북인도 대부분을 차지했다. 쿠샨 왕조는 인도 북부와 아프가니스탄, 중앙아시아 일부를 다스렸으며 중국 한나라와 파르티아, 인도를 잇는 교역로를 차지하여 번영을 누렸다.

카니슈카 왕은 인도 각지에 사원과 탑을 세우고 불교를 중앙아시아 여러 나라에 널리 전하고자 애썼다. 이때 기존의 상좌부 불교를 비판하고 불교를 개혁하려는 움직임이 나타났다. 이들은 상좌부 불교가 개인의 해탈에만 집착해 중생을 버려두고 있다고 비판하면서 자비심을 가지고 중생을 구제하는 것이야말로 부처의 진짜 가르침이라고 주장했다. 이를 대승 불교라고 한다.

불교를 사회의 위에서 아래까지, 세계의 구석구석까지 널리 퍼뜨리려면 어렵고 복잡한 불경보다는 가깝고 친숙한 불상이 훨씬 효과적이다. 쿠샨 왕조는 불교를 널리 퍼뜨리기 위해 불상을 제작했는데, 북부 간다라 지방에서 주로 만들었다. 이를 간다라 불상이라고 한다.

쿠샨 왕조가 시작된 박트리아는 원래 알렉산드로스 3세의 원정을 따라온 그리스 인들이 세운 나라라 그리스의 예술적 전통이 많이 남아 있었다. 그래서 간다라 불상에서도 그리스 예술의 흔적이 많이 발견된다.

간다라 불상
1~3세기경 간다라 지방에서 만들어진 입상으로 얼굴과 몸의 비율 등에서 그리스 조각의 영향이 뚜렷하다.

고대 인도

아리안 족 · · · 이동 — 인도 북서부 인더스 강 유역 → 인도 북동부 갠지스 강 유역

수많은 도시 국가 건설 — 전쟁과 교역
↓
크샤트리아,
바이샤 영향력 증가
→

종교 개혁 운동
↓   ↓
자이나교   불교

마우리아 왕조 · · · 인도 북부 통일

기원전 325년
찬드라굽타: 건국 — 알렉산드로스 3세의 침공을 기회로 인도 북부 장악

정복자 아소카 왕 — 불교 귀의 — 불법에 의한 통치 (전륜성왕) → 불교 전파

쿠산 왕조 · · · 인도 북부 재통일

2세기 중엽
카니슈카 왕 — 불교 전파 — 중앙아시아, 대승 불교

간다라 불상 · · · 헬레니즘 조각 기법 + 불교 — 그리스 인의 얼굴을 한 불상

8 도시 국가 로마가 대제국으로 성장하다

페르시아 전쟁과 펠로폰네소스 전쟁, 알렉산드로스 3세의 오리엔트 원정으로 고대 그리스가 몸살을 앓고 있을 때, 지중해 중부 이탈리아 반도 북판에서는 도시 국가 로마가 기지개를 켜고 있었다. 기원전 3세기에 로마가 이탈리아 반도를 통일한 뒤, 로마는 지중해 교역을 둘러싸고 페니키아의 식민 도시인 카르타고와 세 차례에 걸쳐 포에니 전쟁을 벌였다.

공화정 성립과 귀족 – 평민의 갈등

알프스 산맥에서 지중해를 향해 뻗어 내린 장화 모양의 반도 한복 판, 이탈리아 반도 중부를 가로질러 흐르는 테베레 강 하류 지역에 이탈리아의 수도 로마가 있다.

이탈리아 반도는 북으로는 유럽 대륙과 이어지고, 나머지 3면은 지중해에 둘러싸여 있다. 그래서 북쪽의 유럽 대륙에서 내려온 여러 종족과 배를 타고 지중해를 건너온 여러 종족이 뒤섞여 살았다. 그중 테베레 강 유역의 평야 지대에는 청동기를 쓰던 라틴 인이 살고 있었다. 이들은 기원전 10세기경에 철기 문명을 받아들이고, 기원전 8세기 중엽에 작은 도시 국가 로마를 세웠다.

로마는 기원전 7세기경에 에트루리아 인의 세력 아래로 들어갔다. 당시 에트루리아 인은 이탈리아 반도의 중부와 북부를 망라한 거대한 도시 국가 연합을 만들어 번성하고 있었다. 로마는 에트루리아 인의 지배를 받으면서도 부근 지역 대부분을 정복해 거대 세력으로 발돋움했다.

기원전 6세기 말에 이르자, 로마는 에트루리아 인 왕을 몰아내고 공화정을 세웠다. 그 뒤 에트루리아 인은 쇠퇴했다.

공화정 초기에는 귀족들의 힘이 세서 귀족으로 구성된 원로원에서 두 명의 집정관을 뽑았다. 집정관은 여러 관리를 이끌고 나라를 다스렸는데, 관리들도 모두 귀족이었다.

그러자 평민들로부터 귀족들의 권력 독점에 대한 비판이 쏟아져 나왔다. 당시 평민들은 투구, 갑옷, 방패, 칼, 창 등 전쟁에 필요

트라야누스 원주
트라야누스 황제의 다키아 승전을 기념해 세운 원주

한 물품을 자기 돈으로 마련해 전쟁을 치르는 한편 나라를 다스리는 데 필요한 세금도 내고 있었다. 평민들은 "왜 귀족만 나랏일을 맡느냐? 우리에게도 관리를 뽑거나 관리로 뽑힐 권리를 달라!"며 목소리를 높였다.

평민들의 요구를 막으려고 귀족들이 갖은 애를 썼지만, 평민들의 목소리는 갈수록 커져만 갔다. 결국 평민회가 만들어졌고, 평민회에서는 평민의 대표로 두 명의 호민관을 뽑았다. 호민관은 평민의 권리를 침해하는 원로원의 입법과 행정 조치를 거부할 수 있었다.

평민들의 권리는 갈수록 커졌다. 기원전 5세기 중엽에는 귀족들이 관습법을 마음대로 해석하고 집행하는 것을 막기 위해 성문법을 제정했다. 기원전 4세기 중엽에는 나라를 다스리는 두 명의 집정관 가운데 한 명을 평민 출신으로 뽑도록 했다. 기원전 3세기에 이르러서는 평민회에서 결의한 내용을 모두 법으로 인정하게 되었기에 귀족과 평민의 법적인 구분은 사라졌다.

로마와 카르타고의 싸움, 포에니 전쟁

귀족과 평민 사이의 다툼이 사라지면서 로마는 더욱 힘이 세졌다. 그 덕에 로마는 기원전 3세기 중엽에 이탈리아 반도를 통일할 수 있었다. 이제 로마는 이탈리아 반도를 넘어 지중해로 나아갔고, 당시 지중해 서부의 패자인

전쟁 주식회사 로마

로마군은 일종의 '전쟁 주식회사'였다. 로마 시민 중 투구, 갑옷, 방패, 칼, 창 등 개인 전투 장비를 자기 돈으로 마련할 수 있는 평민 이상만 군인이 될 수 있었다. 이는 전쟁 주식회사 사원의 자격 조건인 셈이었다. 부유한 중간층인 기사는 값비싼 전마에 말갖춤을 완비한 채 기병대에 들어갔고, 귀족은 군대를 지휘하는 지휘관을 맡았다.

로마군이 전쟁에서 승리해 얻는 전리품은 어마어마했다. 적국의 창고에 있던 보물 및 각종 물자와 적군이 쓰던 군수 물자는 물론이고 포로로 잡은 적군을 노예로 팔아 돈을 벌 수 있었기 때문이다.

로마군은 이들 전리품을 전쟁 주식회사의 지분대로 공평하게 나누었다. 물론 지분이 신분, 즉 투자비에 따라 다르기 때문에 기사는 평민의 몇 배, 귀족은 기사의 몇 배씩 분배받았지만 말이다.

트라야누스 원주 부조
로마 중장보병들의 전투 장면이 생생하게 새겨져 있다.

카르타고와 충돌하였다.

카르타고는 페니키아 인들이 기원전 800년경에 오늘날의 북아프리카 튀니지에 세운 식민 도시이다. 기원전 6세기에 지중해 동부 연안의 본국과 관계를 끊고 북아프리카 서부 해안 지대와 이베리아 반도(현재 포르투갈과 에스파냐가 위치한 반도)를 차지한 해상 제국으로 발전했다. 카르타고는 이베리아 반도의 광산에서 나는 은과 주석, 북아프리카 해안 평야에서 나는 열대 산물을 교역해 크게 번창하고 있었다. 로마 입장에서 지중해 서부의 제해권을 장악하고 무역을 독점하는 카르타고는 반드시 물리쳐야 할 최대의 적이었다.

기원전 264년, 카르타고가 이탈리아 반도 남쪽의 시칠리아 섬을 차지하자 로마가 칼을 빼 들면서 전쟁이 시작되었다. 포에니 전쟁이다. 육군 강국 로마와 해군 강국 카르타고는 20여 년 동안 일진일퇴의 공방전을 거듭했다.

그러다가 로마가 '코르부스(까마귀)'라 이름 붙인 배다리를 개발해 해군 함대의 전투를 육박전 형태로 바꾸면서 양상이 달라졌다. 로마는 기원전 241년에 제1차 포에니 전쟁에서 승리했다.

카르타고는 로마가 시칠리아 섬을 지배하는 것을 인정하고 배상금을 약속하는 것으로 전쟁을 끝냈다. 하지만 승리에 도취한 로마는 이 기회에 다시는

포에니는 페니키아를 뜻하는 라틴어. 로마와 맞붙었던 카르타고가 페니키아 인의 식민 도시였기 때문에 로마와 카르타고 사이의 전쟁을 포에니 전쟁이라고 한다. 두 나라는 기원전 264년부터 기원전 146년까지 120년 동안 모두 세 차례에 걸쳐 맞붙었다.

코르부스
로마 함대의 이동식 부교
(배다리)이다.

로마에 대항하지 못하게 만들고자 카르타고를 밀어붙였다. 카르타고에게서 지중해 서부의 전략적 요충지인 코르시카 섬과 사르데냐 섬을 빼앗았는데, 그것으로도 모자라 약속한 배상금보다 더 많은 배상금을 강요했다. 카르타고가 어쩔 수 없이 전쟁을 선택하도록 막다른 골목으로 내몬 것이다.

당시 로마는 카르타고의 해안을 봉쇄하고 있었기에 안심하고 있었다. 그러다가 카르타고에 허를 찔렸다. 카르타고의 명장 한니발이 피레네 산맥과 알프스 산맥

알프스 산맥을 넘는 한니발
독일의 삽화가 하인리히
로이테만이 1866년에 그렸다.

을 넘어 로마로 쳐들어온 것이다. 이는 기원전 218년의 일로 한니발은 보병 4만 명, 기병 8,000명, 코끼리 37마리를 이끌고 출발했다. 이베리아 반도를 출발하여 험준한 알프스 산맥을 넘느라 보병은 2만 명, 기병은 6,000명으로 줄어들었지만 한니발이 이끄는 카르타고 군대는 티키누스, 트라시메누스 호수에서 로마군을 격파하고 이탈리아 중부로 진격했다.

한니발은 로마로 바로 진격하지 않고 이탈리아 전역을 헤집고 돌아다녔다. 로마와 동맹을 맺은 국가와 도시들을 로마에서 떼어 내 고립시킨 뒤, 마지막 일격을 가해 로마의 숨통을 끊겠다는 전략이었다.

하지만 이탈리아 반도 안의 어떤 도시도 로마와 맺은 동맹을 파기하지 않았다. 한니발은 칸나에에서 자기네 병력보다 두 배나 많

은 로마군을 격파하는 기염을 토했지만, 상황은 크게 변하지 않았다. 동맹을 맺은 도시들의 도움에 힘입어 로마군은 카르타고군과의 대규모 접전을 피한 채 기나긴 지구전을 선택했다. 이때부터 무려 15년 동안 이탈리아 반도 전체가 전쟁터가 되었다.

기나긴 지구전으로 카르타고군은 조금씩 지쳐 갔다. 이때 로마군을 이끈 스키피오는 카르타고의 보급 창고였던 이베리아 반도를 점령하고 카르타고를 직접 공격할 준비를 진행했다. 허를 찔린 카르타고는 한니발에게 군대를 철수하라고 지시했다. 스키피오의 전략으로 이탈리아 반도는 카르타고군의 위협에서 완전히 벗어날 수 있었다.

스키피오가 이끄는 로마군은 북아프리카 자마에서 한니발이 이끄는 카르타고군을 격파하는 데 성공했다. 카르타고의 지도부가 한니발을 시기하여 제대로 지원을 하지 않았기 때문이다. 한니발은 보병 규모에서는 로마군을 앞섰지만, 기병의 규모나 전투력에서 상대가 되지 못했다.

결국 카르타고는 기원전 201년에 스키피오의 강화 조건을 받아들여야 했다. 해군을 해산하고, 지중해의 섬들과 이베리아 반도를 로마에 넘기며, 막대한 전쟁 배상금을 치렀다.

카르타고의 명장 한니발
제2차 포에니 전쟁에서
이탈리아 반도를 쑥대밭으로
만들었다.

그로부터 50여 년이 지난 기원전 149년, 카르타고는 또 다시 위기를 맞이했다. 로마의 동맹국인 누미디아가 침략해 오자 카르타고 역시 무력으로 맞섰다. 그런데 로마는 이를 조약 위반이라고 몰아붙이며 카르타고에 내륙 지방으로 이주할 것을 강요했다. 해상 무역을 할 수 없게 하려는 것이다. 이에 카르타고가 결사항전의 각오로 맞서자, 로마는 2년 동안 카르타고를 포위 공격했다. 이 전쟁은 기원전 146년에 카르타고가 항복함으로써 끝이 났다. 로마는 카르타고 전역을 불살라 완전히 파괴하고 살아남은 주민 5만 명을 노예로 만들었다. 이탈리아 반도가 15년 동안 짓밟힌 원한을 갚은 것이다.

포에니 전쟁을 통해 로마는 지중해의 강자로 우뚝 섰다. 떠오르는 로마에 맞설 상대는 어디에도 없었다. 이제 로마는 중남부 유럽과 북아프리카, 소아시아 반도와 지중해 동부 연안을 모두 차지한 대국으로 부상했다. 지중해는 로마의 호수가 되었다.

귀족들은 땅 부자, 평민은 몰락

지중해의 패권을 둘러싼 기나긴 전쟁이 끝나면서 그동안 숨어 있던 경제·사회적 문제들이 한꺼번에 모습을 드러내기 시작했다. 로마는 이들 문제로 골머리를 앓아야 했다. 그중에서 가장 중대한 문제는 다음의 네 가지였다.

첫째, 계속된 전쟁으로 평민들의 경제적 기반이 무너져 내렸다. 평민들은 오랫동안 군에 복무하느라 농사를 제대로 짓지 못했다. 더욱이 계속된 군사 장비 지출은 평민들의 경제 상태를 최악으로 몰고 갔다. 특히 이탈리아를 온통 쑥대밭으로 만든 제2차 포에니 전쟁은 평민들에게는 그야말로 치명타였다.

로마의 오리엔트 점령

로마는 제2차 포에니 전쟁 중에 카르타고와 동맹을 맺은 마케도니아의 필리포스 5세와 전쟁을 벌였다(기원전 215~205). 로마는 힘겨운 전투 끝에 마케도니아에 일리리아 지방을 넘겨주는 등 많은 양보를 해야 했다.

제2차 포에니 전쟁이 끝난 뒤 로마는 필리포스 5세의 그리스 침략을 빌미로 설욕전에 나서 마케도니아를 무릎 꿇렸다(기원전 200~196).

로마는 그 뒤에도 마케도니아와 두 차례에 걸쳐 전쟁을 벌여(기원전 171~168, 기원전 149~148) 기원전 148년에 마케도니아를 속주로 만들었다.

한편 로마는 기원전 190년에 시리아의 셀레우코스 왕조와도 전쟁을 벌였다. 기원전 168년에는 이집트의 프톨레마이오스 왕조를 차지하려던 셀레우코스 왕조에 압력을 넣어 프톨레마이오스 왕조를 사실상 로마의 보호국으로 만들었다. 로마와의 전쟁에서 패한 뒤 점점 쇠약해진 셀레우코스 왕조는 기원전 64년에 로마의 속주가 되었다.

필리포스 5세
마케도니아 전쟁을 일으킨 필리포스 5세를 새긴 은화이다.

둘째, 영토가 크게 늘어나면서 속주에서 싼값에 사들이는 밀이 크게 늘었다. 당연히 밀값이 떨어졌고, 밀농사를 짓는 평민들은 큰 손해를 봤다. 문제는 이것이 한두 해에 그칠 일이 아니고, 갈수록 심해지는 구조적 결함이라는 것이다. 밀농사에서 본 손해를 메울 방도가 없는 평민들에게 남은 길은 단 하나, 몰락과 파산밖에 없었다.

셋째, 평민들은 먹고살기 위해 땅을 담보로 빚을 내거나 땅을 헐값에 팔아치웠다. 땅이 없는 평민들, 재산 없는 평민들이 늘어났고 이들이 한꺼번에 도시로 몰려들면서 사회는 점점 불안해졌다. 이들을 먹여 살리기 위한 재정 부담도 늘어만 갔다.

넷째, 귀족들은 평민들의 땅을 빚 대신 빼앗거나 헐값에 사들여 엄청난 땅 부자가 되었다. 이 땅 부자들은 노예들을 써서 대농장(라티푼디움)을 경영했는데, 헐값이 된 밀 대신 가축을 주로 길렀다. 또한 귀족들은 속주의 대토지를 전리품으로 챙겨 대농장을 경영하는 경우도 많았다. 이 귀족들은 더 많은 토지와 더 많은 노예를 얻기 위해 더 많은 전쟁을 바랐다. 하지만 로마가 뻗어 나갈 곳은 그리 많지 않았다.

상황이 이렇게 되자 잘사는 귀족들의 이익을 대변하는 보수적인 정치 세력과 못사는 평민들의 이익을 대변하는 개혁적인 정치 세력이 충돌하기 시작했다.

기원전 2세기 후반 호민관이 된 그라쿠스 형제는 토지 소유 상한제를 실시하여 평민의 몰락

그라쿠스 형제

형인 티베리우스 그라쿠스는 기원전 133년에 호민관에 선출되어 토지 개혁을 추진하다 귀족들에게 무참히 살해당했다. 동생인 가이우스 그라쿠스는 기원전 123년에 호민관에 선출되어 곡물 가격을 안정시키는 한편, 중산층에게 재판정을 맡겨 귀족을 견제하려 했다. 가이우스는 동맹자들에게도 시민권을 주어 우호 세력을 넓히려다 기원전 121년에 목숨을 잃었다.

을 막으려 하였다. 일정 수준 이상의 귀족 토지를 몰수해 평민들에게 나눠 주려는 시도였다. 경제와 정치, 군사 등 모든 면에서 엄청난 힘을 가진 귀족들이 이를 그냥 놔둘 리 없었다. 귀족들은 자신들의 사병을 동원해 그라쿠스 형제를 살해하였다. 개혁은 물 건너가는 듯했고, 로마 사회의 불안은 더욱 커졌다.

백 년 동안의 내전

로마가 귀족파와 평민파로 갈라져 치고받는 동안, 집정관에 오른 마리우스는 북아프리카와 남부 프랑스에서 로마의 적들을 잇달아 격파해 이름을 떨쳤다. 두 개의 전선에서 직접 전쟁을 치러 본 마리우스는 로마 군대가 어떤 어려움을 겪고 있는지 뼈저리게 느꼈다. 평민이 몰락하면서 병력을 충원하기 어렵다는 점이었다. 로마의 거대한 영토를 지키기에는 병사가 턱없이 모자랐다.

　마리우스는 재산이 있는 시민들만 병사가 될 수 있다는 자격을 무시하고 재산이 없는 빈민들을 의용군으로 뽑아 병사로 만들었다. 이들이 쓸 갑옷, 투구, 방패, 창, 칼 등은 자기 돈으로 사들여 나누어 주었다. 마리우스는 한 걸음 더 나아가 복무를 마친 병사들에게는 주둔 지역의 토지를 나누어 주기로 약속했다. 마리우스가 뽑은 빈민 병사들은 열렬한 추종자가 되어 충성을 바쳤다. 개인을 추종하는 사병이 나타난 것이다.

　마리우스는 평민파를 등에 업고 잇달아 집정관에 올랐고, 마리우스를 따라 하는 야심가들이 늘어났다. 이들은 빈민들 속에서

마리우스
평민파를 등에 업고 일곱 차례나 집정관에 올랐다. 로마 제정의 기틀을 닦은 카이사르의 고모부이다.

추종자들을 모아 병사로 훈련시켜서 자신의 이익을 위해 동원했다. 이 야심가들은 사병을 조직하는 데 그치지 않고 자신이 지휘하는 군대마저 자신에게 충성하도록 만들었다.

기원전 1세기 말에 이 야심가들이 권력 다툼을 벌이기 시작하면서 로마는 이후 100년 동안 내전에 휩쓸렸다. 기원전 1세기 중엽에는 군대를 바탕으로 권력을 노리는 야심가, 군인 정치가들이 로마 정치의 전면에 등장했다. 그 가운데 두각을 나타낸 것이 폼페이우스, 크라수스, 카이사르였다. 이들은 땅 없고 재산 없는 평민들을 사병으로 만들어 세력을 키웠다.

폼페이우스, 크라수스, 카이사르는 기원전 60년에 서로 손을 잡고 로마의 국정을 좌우하기 시작했다. 이를 제1차 삼두정치라고 부른다. 폼페이우스는 동방에서, 카이사르는 서방에서, 크라수스는 수도 로마에서 세력을 넓혀 나갔다. 귀족들과 원로원이 이들을 견제하려 하였지만, 이미 이들의 힘이 귀족들과 원로원의 힘을 넘어서 있었다. 그런데 기원전 53년에 크라수스가 파르티아를 침략했다가 참패를 당해 목숨을 잃으면서 제1차 삼두정치는 끝이 났다.

귀족들과 원로원은 자신들의 이익을 지켜 줄 인물로 폼페이우스와 카이사르를 저울질해 폼페이우스를 선택했다. 원로원은 카이사르에게 속주 총독으로서의 군대

말하는 도구, 노예

노예의 공급원은 전쟁이었기 때문에 로마가 팽창하던 기원전 3세기부터 기원전 1세기까지 노예가 크게 늘었다. 부유한 귀족들은 노예를 수백 명씩 사들여 시중을 들게 하고, 집안일을 시키고, 대농장이나 각종 작업장에서 일을 시켰다. 로마 인들은 사람이 쓰는 도구를 크게 셋으로 나누었다. 삽이나 쟁기처럼 소리를 내지 못하는 도구, 소나 말처럼 소리를 내는 도구, 노예처럼 말하는 도구가 그것이다. 노예를 사람으로 보지 않고 생산 도구로 보았다는 점을 잘 보여 준다.

이러한 처우에 불만을 품은 노예들이 주인을 살해하거나 반란을 일으키는 경우도 있었다. 검투사 노예인 스파르타쿠스가 기원전 73년에 일으킨 노예 반란에는 9만~12만 명의 노예가 가담했다. 이 탈리아 남부를 휩쓴 이 반란은 2년 후인 기원전 71년에 크라수스와 폼페이우스 등에게 진압된다. 이때 크라수스가 본보기로 십자가에 못 박아 죽인 노예만 6,000명을 넘었다.

희생당한 노예들
십자가에 못 박힌 스파르타쿠스의 동료들을 그린 작품으로, 브로니코프가 1878년에 그렸다.

지휘권을 내놓으라고 압박했다. 지휘권을 내놓고 민간인으로 돌아가면 재판정에 세워 반역죄로 처형하려는 속셈이었다.

원로원의 통첩을 받을 당시 카이사르는 갈리아(지금의 프랑스) 총독으로 부임해 영토를 넓히고 게르만 족을 로마에 동화시키고 있었다. 그는 고민 끝에 로마로 진군하기로 마음먹었다. 기원전 49년, 카이사르는 "주사위는 던져졌다."며 군대를 이끌고 루비콘 강을 건넜다. 카이사르의 군대가 로마로 다가오자, 폼페이우스는 몸을 피해 로마를 떠났다. 두 세력은 로마 영토 전역에서 맞붙었고, 카이사르는 그리스의 파르살루스에서 폼페이우스 군대를 격파해 결정적인 승기를 잡았다.

이제 카이사르를 저지할 세력이 더는 남아 있지 않았다. 기원전 46년에 카이사르는 10년 임기의 딕타토르(국가 비상시의 임시 독재 집정관)에 취임했고, 2년 뒤에는 종신 딕타토르에 올랐다. 카이사르는 평민들의 이익을 반영한 각종 개혁안을 추진하고자 했다. 그러나 기원전 44년에 원로원에서 브루투스 등에 의해 암살당했다. 카이사르는 자신이 너그러이 끌어안은 정적 브루투스의 칼에 찔린 뒤, "브루투스, 너마저!"라는 말을 남기고 세상을 떠났다.

카이사르
카이사르의 고모부는 평민파의 우두머리인 마리우스이며, 역시 평민파를 이끈 킨나가 장인이었다. 카이사르가 평민파의 여망을 받아 위대한 정치가로 성장할 수 있었던 것은 이들의 후광을 등에 업었기 때문이다. 하지만 이 후광은 귀족파 원로원의 적의를 불러일으키는 '양날의 칼'이기도 했다.

옥타비아누스, 로마에 평화를

카이사르가 암살되었다고 해서 원로원 중심의 공화정이 되살아날 리는 없었다. 기원전 43년에 카이사르의 양자인 옥타비아누스와 부하 장수인 안토니우스, 레피두스가 은밀히 만나 카이사르의 원수

카이사르의 암살
빈센초 카무치니 작.
카이사르(Caesar)는 독일어로
'카이저(Kaiser)', 러시아어로
'차르(Czar)'라고 하는데 둘 다
황제를 뜻한다. 카이사르가
공화정을 끝내고 제정을
이끌었다고 보기 때문이고,
이 때문에 카이사르는 브루투스
등 공화파에게 암살당했다.

를 갚고 로마를 함께 다스리자고 합의했다. 이를 제2차 삼두정치라
한다.

이들은 카이사르의 원수를 갚는다며 원로원 의원 300명과 기사
2,000명을 처형했다. 하지만 카이사르를 암살한 브루투스와 동료
들은 벌써 로마를 빠져나간 뒤였다. 이들은 마케도니아로 가서 카
이사르의 부하들에 맞서 군사를 일으켰다. 카이사르의 부하들과
브루투스 일행 사이에 전쟁이 벌어졌고, 결국 브루투스와 동료들
은 전쟁에서 패해 자살했다.

카이사르의 복수가 끝나자 옥타비아누스와 안토니우스, 레피두
스는 권력을 차지하기 위해 맞붙었다. 기원전 31년, 옥타비아누스
는 마침내 안토니우스를 악티움 해전에서 무찌르고 권력을 독차
지하는 데 성공했다.

옥타비아누스는 카이사르가 원로원과 공화정을 무시하다 암살
당했음을 잊지 않았다. 그는 원로원과 공화정을 존중한다는 모습
을 보였다. 기원전 27년, 그라쿠스 형제 이후 계속되어 온 내전이

끝났으며 공화정으로 복귀한다고 옥타비아누스는 선언했다. 이에 원로원은 그에게 '존엄한 사람'이란 뜻을 가진 아우구스투스 칭호를 내려 옥타비아누스의 통치를 인정했다.

옥타비아누스의 선언과 무관하게, 이때부터 로마는 사실상 제정으로 바뀌었다. 이후 네로와 같은 폭군이 등장하기도 하였지만, 뛰어난 황제가 여럿 나오면서 '팍스 로마나', 즉 '로마의 평화'와 번영은 계속되었다.

로마의 평화(Pax Romana)'는 아우구스투스가 제정을 시작한 기원전 1세기 말부터 200년간을 가리키는 말이다. 유럽과 아프리카, 서아시아의 유일한 초강대국 로마가 압도적인 군사력 우위를 바탕으로 별다른 전쟁 없이 평화와 번영을 유지했기 때문에 붙은 이름이다. '팍스 아메리카나(Pax Americana, 미국의 평화)'라는 말은 이를 본뜬 것이다.

실용을 추구한 로마 문화

그리스가 인간 중심의 철학과 예술을 발전시킨 데 비해 로마는 법률이나 토목, 건축 같은 실용적인 문화를 발전시켰다.

로마에서는 법률이 특히 발달하였다. 기원전 5세기 중엽에 귀족들이 마음대로 관습법을 해석하고 집행하는 것을 막기 위해 처음으로 성문법을 제정(이를 '십이표법'이라고 한다)한 이래 평민들의 권리를 확립하기 위해 수많은 법률이 제정되었기 때문이다. 이러한 로마법은 로마 시민들을 위한 시민법으로 발전하였고, 로마 제국 안의 모든 민족에게 적용되는 만민법으로 확대되었다. 로마법은 근대 유럽에서 그 가치를 재발견하면서 근대 법률 발전의 밑거름이 되었다.

"모든 길은 로마로 통한다."는 말처럼 로마 인들은 군대와 물자의 신속한 이동을 위해 로마 제국을 그물망처럼 연결하는 도로를 건설했다. 요즘으로 치면 고속도로에 해당하는데, 지금도 유럽의 주요 도로로 활용될 만큼 튼튼하게 만들어졌다.

전쟁에서 이긴 귀족 출신 장군들은 평민들에게 원형 경기장, 공중목욕탕, 도서관, 광장, 신전, 시장, 개선문 등을 지어 주는 관습이 있었다. 이러한 관습에 따라 로마 인들은 웅장한 건축물을 많이 건설했다.

아우구스투스상
악티움 해전에서 승리해 로마 제정을 시작한
옥타비아누스는 황제라는 이름 대신 로마 원로원이 수여한
아우구스투스(존엄한 자)와 프린켑스(제1시민)를 썼다.

고대 로마의 공공 건축물
상단 왼쪽에서부터 가르 교
(수도교), 콜로세움(원형 경기장),
중단 왼쪽에서부터 아피아 가도,
공중목욕탕, 트라야누스 시장,
하단은 포룸 로마눔이다.

똑똑하게 정리하는

착착 마인드맵

고대 로마

- **포에니 전쟁**
  - 카르타고 ⋯ 페니키아의 식민 도시
  - 로마
    - 건국: 기원전 8세기 중엽
    - 정치: 왕정 → 귀족정 → 공화정
    - 정복전쟁: 이탈리아 반도 통일 (3세기 중엽)
      - 전투력의 원천 : 평민 중장보병
  - 원인 ⋯ 지중해 패권
  - 제1차 ⋯ 코르부스 이용 ⋯ 로마 승리
  - 제2차 ⋯ 한니발의 로마 공격 → 이탈리아가 전쟁터로 → 스키피오의 카르타고 공격 → 로마 승리
  - 제3차
    - 카르타고 파괴
    - 로마 승리 → 전쟁의 대가, 백여 년간의 내전
      - 평민 중장보병 몰락
      - 그라쿠스 형제의 개혁 실패
      - 평민파(마리우스) 대 귀족파(술라)의 갈등 → 카이사르(평민파)의 로마 진격, 권력 장악, 암살 → 옥타비아누스의 권력 장악과 제정 ⋯ 아우구스투스, 프린켑스 → 팍스 로마나 ⋯ 유럽과 북아프리카, 서아시아 아우른 대제국
      - 실용적 로마 문화 ⋯ 법률, 건축

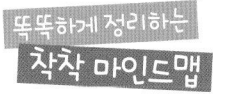

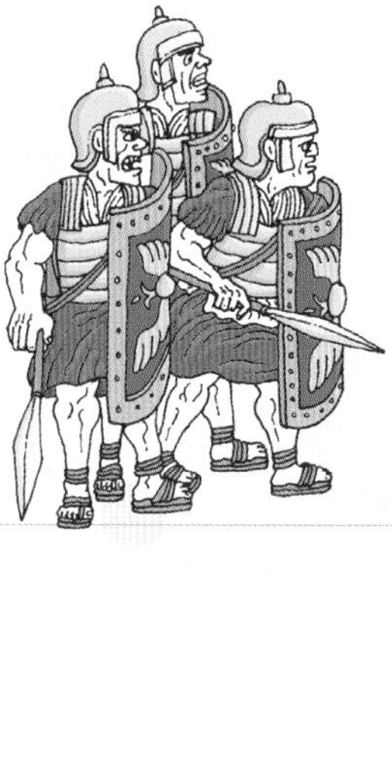

9 진·한이 중국을 통일하다

진나라 시황제는 제자백가 중 법가를 받아들여 부국강병에 성공한 뒤 중국을 통일했으나 만리장성과 아방궁, 여산릉 등 무리한 토목 공사로 15년 만에 멸망했다. 그 뒤 한 고조 유방은 초 패왕 항우와 접전을 벌여 중국을 다시 통일했다. 한나라는 법을 간략화하고 유교를 장려하면서 중앙 집권에 성공하였다.

주나라에서 춘추 전국 시대까지

지중해에서 로마가 태동하기 100년 전인 기원전 8세기 중엽, 동아시아는 어떤 모습이었을까? 당시 동아시아에서 가장 강한 나라였던 중국은 주나라가 다스리고 있었는데, 통치의 근간인 봉건제가 흔들리는 상황이었다.

주나라의 봉건제는 왕이 도읍 부근의 중앙을 직접 다스리고, 형제들을 제후로 삼아 지방을 다스리는 통치 체제였다. 관리를 파견하는 것보다는 왕권이 허약할 수밖에 없는 통치 체제인데, 처음에는 형제간의 도타운 정으로 별다른 문제가 생기지 않았다. 그런데 수백 년이 흐르면 2촌 형제지간이던 제후가 어느덧 촌수를 따질 수 없을 만큼 먼 친척이 된다. 주나라 왕에 대한 제후들의 충성심이 갈수록 약해진다는 이야기이다. 나라나 왕을 먼저 생각하기보다는 자기 가문과 자기 세력을 먼저 챙기게 된 것이다.

이렇게 왕의 힘이 갈수록 약화되고 있을 때 왕위에 오른 이가 12대 유왕이었다. 유왕의 아내 포사는 경국지색(나라가 기울어질 정도로 뛰어난 미인)이라는 말이 딱 들어맞는 미녀였다. 하지만 좀처럼 웃지 않는데, 비단을 찢을 때 나는 소리에는 미소를 띠었다. 유왕은 포사의 미소를 보기 위해 멀쩡한 비단을 찢었고, 이런 사치로 세금이 오르면서 백성들의 원망이 하늘을 찔렀다.

그러던 어느 날, 봉수대에서 시커먼 연기가 올랐다. 주나라 서쪽에 사는 유목 민족인 견융이 쳐들어온다는 신호였다. 제후들은 부랴부랴 군대를 모아 견융을 무찌르고 왕을 구하려고 달려왔다.

하지만 어디에도 견융은 없었다. 실수로 봉화를 잘못 올린 것이다. 워낙 황당한 일이라 제후들은 난처한 표정을 지었다. 제후들의 표정이 어찌나 볼만했는지, 갑자기 포사가 깔깔거리며 웃음을 터뜨렸다.

얼마 후 다시 봉화가 올랐고, 제후들이 군대를 이끌고 모여들었다. 거짓 신호에 속은 제후들을 보면서 포사는 또 미친 듯이 웃음을 터뜨렸다. 유왕은 그 모습이 귀여워 어쩔 줄 몰랐다.

그런 일이 여러 번 거듭되자, 이제 제후들은 아무리 봉화가 올라도 군대를 이끌고 달려오지 않았다. 거짓 봉화일 게 뻔한데 누가 달려오겠는가.

그런데 얼마 안 가 견융이 진짜로 쳐들어왔다. 봉수대에서 봉화가 올랐지만 군대를 이끌고 달려오는 이는 아무도 없었다. 도읍인 호경이 함락되었고, 유왕은 견융에게 잡혀 죽임을 당했다. 결국 주나라는 도읍을 동쪽의 낙읍(지금의 뤄양)으로 옮겨야 했다. 이를 '주의 동천'이라고 한다. 기원전 770년의 일이다.

이때부터 제후들에 대한 주나라의 영향력은 급격히 줄어들었다. 그래도 제후들은 땅과 백성들을 나눠 준 주나라를 아예 무시할 수는 없어 형식적이나마 주나라를 섬겼다. 눈 가리고 아웅 하는 셈이지만 섬긴다는 명분만은 버리지 않은 것이다. 그래서 이 시대를 명분을 강조한 역사서인 공자의 『춘추』를 따서 '춘추 시대'라 한다.

춘추 시대에는 제·진·초·오·월의 다섯 제후국이 힘이 셌는데, 이 다섯 나라의 제후들을 춘추 5패라 불렀다(제 환공, 진 문공, 초

포사는 유왕에게 충간하다 감옥에 갇힌 포나라 제후 항의 아들 홍덕이 아버지를 구하려고 바친 여인이다. 유왕과의 사이에 백복이라는 아들을 낳았다. 유왕은 왕비인 신후와 태자인 의구를 폐하고 포사를 왕비로, 백복을 태자로 삼았다. 이에 격분한 왕비의 아버지 신후가 호경을 공격하도록 견융을 꼬드겼다. 호경을 점령한 견융은 유왕과 백복을 죽이고 포사를 납치했다.

장왕, 오 합려, 월 구천). 이들 힘센 제후국은 주나라 왕을 지킨다 는 명분 아래 약한 제후국들을 쳐서 무너뜨리고 그 땅과 백성을 빼앗았다. 수백 년 동안의 전쟁을 거치면서 1,800여 개나 되던 제후국은 10여 개로 줄어들었다.

그런데 기원전 403년, 춘추 5패의 하나인 진나라가 가신들에게 멸망하는 일이 벌어졌다. 가신들은 진나라 땅을 셋으로 나눠 갖고 는 각각 한, 위, 조라는 세 나라를 세웠다. 그 뒤로는 여러 나라에서 명분이나 도덕은 내팽개친 채 이익을 좇아 치고받으며 싸우는 일이 발생했다.

바야흐로 주군이 신하에게 죽임을 당하는 하극상의 시대, 계속된 전쟁으로 명분과 도덕이 땅에 떨어진 전쟁의 시대가 시작된 것이다. 이 시대를 '전국 시대'라 하는데, 이 시대의 역사를 다룬 유향의 『전국책』에서 따온 이름이다.

전국 시대에는 전통 강자 제·초와 신흥 강자 연·진·조·위·한이 패권을 차지하려 서로 다퉜다. 이들 일곱 나라를 전국 7웅이라 불렀다.

정치는 혼란, 사회 경제는 발전

춘추 전국 시대는 정치적으로는 분열과 전쟁, 혼란의 연속이었지만 사회·경제적으로는 커다란 변화와 발전의 시기였다. 기원전 6세기경부터 철기가 보급되었기 때문이다.

우선 초, 오, 월 등 남쪽의 여러 나라가 성장해 사람들의 생활

춘추 전국 시대의 혼란에서 진나라 시황제의 중국 통일까지를 다룬 역사소설이 『열국지』이다. 명나라 때 문장가인 풍몽룡이 썼는데, 원래 이름은 『동주열국지』이다.

무대가 양쯔 강 이남으로 확대되었다. 이곳은 1년 내내 덥고 비가 많이 내리는 지역으로 벼농사를 많이 지었는데, 생산 능력이 다른 곳보다 훨씬 높고 인구도 많았다. 춘추 오패 중 무려 셋이 이 지역에 있었던 것은 바로 이 때문이다.

철기가 널리 보급되면서 철제 농기구를 쓰고 밭갈이에 소를 이용하기 시작했다. 이는 두 가지 효과를 가져왔다. 하나는 나무뿌리나 바위를 들어내기가 쉬워져서 개간에 힘이 덜 들어 경작지가 크게 는다는 것이다. 다른 하나는 땅을 깊게 갈 수 있어서 작물이 땅속 양분을 더 많이 빨아들여 잘 자란다는 것이다.

결국 농업 생산이 훨씬 늘었고, 이를 바탕으로 상업과 수공업이 발전했다. 상공업의 발달로 교역의 규모가 커지면서 화폐가 널리 유통되었다. 아울러 교통의 요지에는 도시가 발달했다.

이에 따라 여러 직업이 새롭게 나타났고 사농공상이라는 직업의 귀천이 신분 질서로 자리 잡았다. 생산 수준이 높아져 가족 단위로도 농사를 지을 수 있었으므로 가족[호(戶)]이 정치와 사회의 기초 단위가 되었다.

철제 무기가 사용되면서 전쟁도 자주 발생했다. 규모도 점점 커졌고, 이에 따라 나라의 크기도 갈수록 커졌다. 나라의 크기가 커지면서 지방에 제후를 두지 않고 관리를 파견해 직접 다스리는 중앙 집권 체제가 점점 중요해졌다.

사농공상은 직업을 기준으로 한 신분 질서이다. 사는 관리를 포함한 지식인, 농은 농민, 공은 수공업자 장인, 상은 상인을 가리킨다. 일하지 않고 공부만 하는 계층이 나머지 백성을 다스리는 자로 가장 귀하고, 먹을거리를 생산하는 농민이 다음이고, 편리한 생활을 누리도록 물건을 만드는 수공업자가 그다음이다. 상인은 이익을 위해 물건을 사고팔기 때문에 가장 천하다고 보았다.

부국강병을 논한 제자백가

여러 나라가 천하의 패권을 놓고 다투면서 부국강병을 이루는 것이 갈수록 중요해졌다. 국가가 경제적으로도 군사적으로도 강하면 살아남지만, 그러지 못하면 패망하기 때문이다. 각국은 유능한 인재를 관리로 모셔 이를 이루고자 했다.

인재를 가르는 기준은 부국강병을 이룰 방도를 아느냐에 있었다. 부국강병을 통해 정치적 혼란을 극복할 처방을 가진 사상가에게는 나름대로 똑똑하다고 소문난 사람들이 제자가 되겠다고 몰려들었다. 이 사상가들을 중심으로 수많은 학파가 만들어졌다. 이 사상가들과 학파를 일컬어 제자백가라고 한다.

수백 년간의 분열과 전쟁, 혼란은 백성을 도탄에 빠뜨렸다. 백성들은 군대의 침략으로 죽어 가는 가족을 부여안고 눈물 흘렸고, 강력한 군대를 기른다며 수확의 대부분을 빼앗아 가는 나라를 보며 절망의 피눈물을 흘렸다. 백성들은 전쟁이 그치고 평화가 오기를 간절히 바랐다. 이러한 현실의 피맺힌 외침을 외면하지 않은 실천적 지식인들이 바로 제자백가이다.

제자백가는 정치적 혼란을 가져온 원인이 무엇인지 진단하고, 태평성대를 이룰 처방을 내놓았다. 제후들은 어떤 주장이 부국강병을 이룰 수 있는지 꼼꼼하게 따졌고,

대성지성문선왕전좌도
안향이 김문정을 원나라에 보내 그려 온 공자와 제자들의 그림을 1513년에 베껴 그렸다.

적합한 방안을 제시한 인재들을 높은 관직에 앉혔다.

공자와 그 제자들은 왕과 제후, 관리 등 지배 계급이 예를 어긴 데에서 혼란이 비롯되었다고 보았다. 그래서 지배 계급이 주나라의 예를 지키는 것이야말로 혼란을 극복하는 길이라고 주장했다. 이런 점에서 유가 사상은 보수주의라고 볼 수 있다.

유가에서는 먼저 자신을 닦고 가족을 잘 건사하면 나라를 잘 다스려 천하를 평정할 수 있다며 개개인의 수양을 강조했다. 개개인의 수양은 자식이 부모에게 효도하고, 신하가 임금에게 충성하며, 아내가 남편에게 잘하는 등 사람으로서의 도리를 지키는 것에서 출발한다고 말했다.

제자(諸子)는 여러 사상가, 백가(百家)는 이 사상가들이 만든 수많은 학파를 뜻한다.

그리고 백성을 어질게 다스리는 도덕 정치가 에둘러 가는 것처럼 보일지라도 실제로는 부국강병으로 가는 지름길이라고 주장했다. 그렇지만 여기에 귀를 기울이는 나라는 없었다.

묵자는 유가 사상을 강하게 비판했다. 주나라의 예로 돌아가자는 것은 무너져 버린 낡은 질서로 혼란을 수습하자는 것과 다를 바 없다며 시대에 맞지 않는다고 주장했다. 변화된 시대는 새로운 질서를 요구하므로 국적이나 신분에 따라 차별하지 말고 모두를 사랑하는 '차별 없는 보편적인 사랑', 즉 겸애 사상을 펼쳐야 한다고 주장했다.

노자와 장자는 그 무엇을 하려는 인위적인

소 탄 노자(老子騎牛)
중국 명 중기의 화가 장로가 그린 그림이다. 노자가 손에 들고 있는 것은 『도덕경』이다.

노력이 전쟁을 불러온다며 부위자연의 도가 사상을 제시했다.

상앙과 이사, 한비자는 강력한 법을 엄격하게 시행해야 부국강병을 이룰 수 있다는 법가 사상을 주장했다. 전쟁에서 이기려면 병법 연구가 중요하다는 병가, 누구와 외교 관계를 맺고 누구와 싸울 것인지가 중요하다는 종횡가도 나타났다.

이후 발전한 중국의 학문과 사상은 사실상 이들 제자백가의 사상과 이론을 뼈대로 하여 차츰 살을 붙여 나간 것이나 다름없다.

진나라가 최고의 강대국으로

진나라는 제후국 중 서쪽 변방에 있는 작은 나라였는데, 서쪽의 유목 민족들인 서융과 전쟁을 벌이면서 영토를 조금씩 넓혀 나갔다. 서융을 정복하면서 강력한 기병을 확보한 진나라는 기원전 4세기 중엽 법가 사상가인 상앙을 등용하면서 강대국으로 자리잡았다.

상앙은 법에 의한 통치를 강조해 공이 있는 자는 반드시 상을 주고, 잘못을 저지른 자는 반드시 벌을 주어 백성이 무조건 법을 지키도록 했다. 다섯 가구, 열 가구씩 묶어 한 가구가 잘못을 저질러도 연대 책임을 지도록 해 법을 어기는 자가 나오지 못하도록 했다. 또한 지방에 현을 두어 중앙에서 관리를 파견하고, 지방에서 거둔 세금을 중앙으로 올려 보내는 등 중앙 집권을 강화했다. 황무지 개간과 농경을 장려하였으며, 도량형을 통일하여 경제 발전의 기틀을 다졌다. 상앙의 개혁으로 진나라는 전국 7웅 중 가장 부강한 나라가 되었다. 그렇지만 상앙 자신은 반역을 꾀한다는 모함을 받아 처형되었다.

기원전 4세기 말, 진나라는 고립될 위기에 처했다. 소진이 합종책을 펴 전국 7웅 중 진나라를 뺀 나머지 여섯 나라의 동맹을 성사시켰기 때문이다. 하지만 장의가 연횡책으로 대응하여 여섯 나라의 동맹이 무너지고 진이 최고의 강대국으로 떠올랐다.

최초로 중국을 통일한 진 시황제

기원전 3세기 중엽에 왕위에 오른 진나라의 정은 법가 사상가인 이사를 등용하면서 중국 통일의 기초를 다졌다. 이사는 우선 여섯 나라에 첩자를 보내 신하들을 뇌물로 매수하고는 임금과 신하들을 이간질했다. 이로써 여섯 나라가 진나라에 대항하는 동맹을 맺지 못하도록 만든 다음, 먼 나라와는 친하게 지내고 가까운 나라는 공격하는 원교근공의 계책을 냈다.

기원전 221년, 진나라는 한·조·위·초·연·제를 차례대로 멸망시키고 중국을 최초로 통일했다. 중국을 통일한 정은 처음으로 황제라는 호칭을 사용하면서 스스로를 첫 번째 황제를 뜻하는 시황제로 불렀다. 시황제는 550년간 여러 나라로 갈라져 전쟁을 벌이던 중국을 하나로 만들기 위해 애썼다.

시황제는 주나라처럼 제후들에게 땅과 백성을 나눠 주는 봉건제 대신 전국에 군현을 두고 관리를 파견해 다스리는 군현제를 실시했다. 하지만 여러 학자가 지방 토호들의 이익을 대변해 봉건제 부활을 주장했다. 이에 시황제는 자신의 정책에 사사건건 반기를

중국을 통일한 **진나라**라는 이름은 이후 중국을 가리키는 말로 굳어졌다. 중국을 뜻하는 라틴 어의 Sinae, 영어의 China, 일본어의 시나(支那)는 모두 진에서 나온 말이다.

진 시황제상
진 시황제의 무덤인 여산릉과 이를 지키는 병마용을 묻은 병마용 갱으로 유명한 산시(陝西) 성 시안에 있는 조각상이다.

드는 학자들의 입에 재갈을 물리기로 마음먹었다.

시황제는 일반 백성이 가지고 있는 책 가운데 농경, 의학 같은 기술 서적과 법가의 법률 서적을 제외하고 나머지 모든 책을 불태워 버리라고 명령했다. 책을 불사르는 '분서'였다. 그래도 학자들의 비판이 끊이지 않자, 자신의 정책을 반대하는 학자 460여 명을 본보기로 생매장했다. 구덩이를 파 선비를 파묻는 '갱유'였다. 이 '분서갱유'라는 악명 높은 사상 통제로 시황제 주위에는 충간하는 신하 대신 아첨꾼만 들끓었다.

시황제는 중앙의 명령이 빠르게 전달되고 군대의 출동에 장애가 없도록 도읍과 주요 도시, 변방을 잇는 도로를 닦았다. 화폐와

노량형, 문자를 통일해 지역 간에 활발한 교류가 이루어지도록 함으로써 경제와 문화 역시 하나로 통일하는 효과를 거뒀다.

체제 정비를 끝낸 시황제는 북쪽의 흉노를 몰아내고 만리장성을 쌓았고, 남쪽의 월을 공격해 광둥 지방을 차지하는 등 영토를 크게 넓혔다.

시황제는 전국의 도로 건설과 만리장성 축성에 그치지 않고 어마어마한 토목 공사를 계속했다. 자신의 위엄을 돋보이게 하려고 기존의 궁궐 대신 새로 '아방궁'이라는 궁궐을 짓고, 자신이 묻힐 '여산릉'도 미리 지었다. 만리장성 공사에 170만 명, 아방궁 공사에 70만 명, 여산릉 공사에 75만 명이 동원되었다.

만리장성
시황제가 연나라와 조나라 등이 북쪽 국경 지대에 쌓은 장성을 보수하고 서로 이은 다음, 동서로 늘려 쌓은 장성이다. 동쪽으로는 요동에, 서쪽으로는 간쑤 성 민 현에 이르렀다. 당시의 만리장성은 지금보다 북쪽에 있었고, 대부분 흙으로 쌓은 토성에, 높이도 지금보다 낮았다.

백성들은 먹고 입고 잘 것까지 바리바리 싸들고 와서 몇 달 동안 중노동에 시달려야 했다. 농사지을 때를 놓쳐 농사를 망치는 경우도 많았다. 백성들의 불만은 하늘을 찔렀지만, 시황제가 무서워 아무도 토목 공사의 폐해를 간하지 못했다.

시황제는 불로장생을 꿈꾸었으나 이루지 못하고 기원전 210년에 죽었다. 시황제가 죽자, 그간 억눌렸던 백성의 불만이 봇물처럼 터져 나왔다. 대표적인 것이 진승과 오광의 난이다.

진승과 오광은 마을 장정들을 이끌고 북쪽 변방의 어양을 지키러 가다 큰비로 길이 끊어지는 바람에 도착 날짜를 맞출 수 없게 되었다. 당시에는 이런 경우에 무조건 사형에 처했다. 진승과 오광은 불안에 떠는 일행을 모아 놓고 이렇게 말했다.

"우리는 기한에 맞춰 도착할 수 없게 되었다. 지금 가 봤자 모두 처형당하고 말 것이다. 어차피 죽을 바에야 이름이라도 떨쳐야 하지 않겠느냐. 왕후장상의 씨가 어디 따로 있느냐."

일행은 진승과 오광을 우두머리로 하여 반란을 일으켰다. 소식을 들은 주변의 백성이 자발적으로 합류하면서 반란군의 규모는 더욱 커졌다. 진승과 오광이 초나라의 뒤를 잇겠다고 선언하자 반란의 규모는 더더욱 커져 군사가 수십만을 넘어서게 되었다. 진승은 스스로 왕이라 칭하며 초나라를 장대하게 발전시

병마용에서 나온 토용
산시 성 시안 부근 진 시황제 무덤 옆에는 시황제를 호위하는 토용들을 묻은 병마용이 있다.

키겠다는 뜻을 담아 '장초'라는 나라를 세웠다.

　진승과 오광의 난은 6개월 만에 토벌되고 말았지만, 이들이 지핀 반란의 불씨는 삽시간에 전국을 휩쓸었다. 결국 진나라는 멸망하고 말았다. 시황제가 중국을 통일한 지 15년 만인 기원전 206년의 일이다.

진승과 오광의 난은 중국의 왕조를 멸망시킨 최초의 농민 봉기이다. 중국에서는 폭정에 대항하는 농민 반란이 왕조를 멸망으로 이끈 경우가 많았다. 후한 황건적의 난, 당 황소의 난, 명 이자성의 난, 청 태평천국의 난 등이 대표적이다.

항우를 물리치고 중국을 다시 통일한 유방

진승과 오광의 난을 계기로 전국이 반란의 불길에 휩싸였을 때 패현에서 말단 관리로 지내던 유방도 반란에 합류했다. 같은 시기, 옛 초나라의 귀족 출신 항우도 초 패왕을 자처하며 반란을 일으켰다. 유방은 그를 찾아가 부하로 들어갔다.

　기원전 206년에 유방은 10만 명의 군사를 이끌고 진나라의 도읍 함양으로 쳐들어가 진나라를 멸망시켰다. 유방은 군사인 장량의 건의에 따라 단 세 가지의 조항으로 법을 간략화한 '약법삼장'을 발표했다. 수백 가지 조항의 복잡한 법률에 꽁꽁 묶여 꼼짝 못하던 백성들은 약법삼장에 환호했고, 천하의 민심은 유방에게 기울었다.

　한 발 늦게 항우가 군사 40만 명을 이끌고 함양 부근에 도착했다. 유방은 항우가 베푼 홍문의 연회에 참석해 독자적으로 행동한 점을 사과하고 천하를 노릴 야심이 없다고 밝히면서 위기를 벗어났다. 항우는 유방을 한 왕에 봉하고 촉과 한중을 맡겨 변경으로 내쫓았다.

하지만 유방은 군사를 이끌고 중원으로 나가 항우군에 맞섰다. 4년 동안 벌어진 이 전쟁을 초나라와 한나라 사이의 전쟁이라는 뜻에서 초한전이라고 한다. 최종 승자는 유방이었다. 기원전 202년, 유방은 항우군을 무찌르고 중국을 다시 통일하였다.

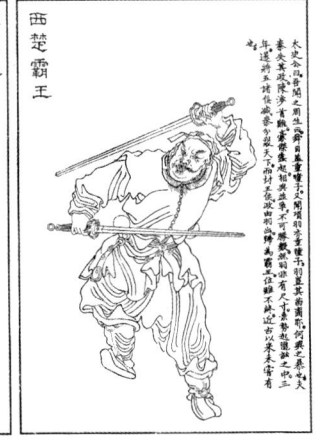

한 고조 유방과 초 패왕 항우
초 패왕의 용기와 힘을 이겨 낸 한 고조의 포용력은 수많은 문학 작품의 소재가 되었다.

한 고조 유방은 오랜 전쟁으로 피폐해진 백성들을 끌어안아 왕조의 기틀을 굳건히 다졌다. 세금과 부역을 줄여 백성의 부담을 덜고, 억울하게 노비가 된 자를 풀어 주었으며, 군대의 규모를 줄여 나라 살림도 줄여 나갔다. 아울러 농업을 장려하고 상업을 억제해 사회도 안정시켰다.

고조는 진 시황제가 군현제를 실시한 것이 지방 호족들의 반발을 불러 전국적인 반란을 초래했다고 생각했다. 그래서 실시한 것이 군국제이다. 군국제는 중앙에서 관리를 파견해 직접 다스리는 군현제와 형제나 공신에게 땅과 백성을 나눠 주는 봉건제를 결합한 제도이다.

한나라 무제, 유가 사상을 통치 이념으로

고조는 공신들에게 땅과 백성을 나눠 주고 왕으로 삼긴 했지만, 이들의 힘이 점점 커지자 두고 볼 수 없었다. 고조는 한신·팽월·영포 등을 반역을 꾀했다는 죄목으로 모조리 없애고, 그 자리에 자신의 일족들을 앉혔다.

그 뒤에도 한나라의 황제들은 제후들의 세력이 중앙을 위협할 만큼 커지지 못하도록 제후들의 영토를 축소하거나 권한을 제한했다. 이러한 움직임에 반발해 제후들이 반란을 꾀하기도 했다.

한나라의 제7대 황제 무제는 제후들이 자신의 영토를 자식들에게 분할하여 상속할 수 있도록 법을 고쳐 제후들의 힘을 약화시켰다. 무제는 동중서의 건의를 받아들여 유가 사상을 통치 이념으로 삼았다. 자식이 부모에게 효도하듯 신하와 백성은 황제에게 충성해야 한다는 유가 사상이 황제의 권력을 강화하려는 무제의 마음에 든 것이다. 이후 유학은 중국 모든 왕조의 통치 이념이 되었고, 유학이 체계화한 각종 규범과 교리는 유교가 되었다.

나라 안이 안정을 이루자 무제는 바깥으로 눈을 돌렸다. 북쪽의 흉노와 동쪽의 고조선, 남쪽의 민월·동월·남월을 정벌해 영토를 넓혔다. 그중 흉노를 협공하기 위해 장건을 대월지로 파견한 일은 비단길 개척의 계기가 되었다.

한편 무제가 정복 전쟁을 자주 일으키고 대규모 토목 공사를 벌일 뿐 아니라 사치를 일삼으면서 나라 살림은 크게 악화되었다. 무제는 텅 빈 나라 곳간을 채우기 위해 몇 가지 조치를 취했다.

장건의 비단길 개척
중국 둔황의 모가오 굴에 그려져 있는 벽화이다.

첫째, 철과 소금을 국가에서 전매했다. 전매란 생산과 판매를 독점하는 것으로, 국가에서 값을 멋대로 매길 수 있다. 백성들에게 철과 소금을 비싼 값으로 파는 만큼, 나라 곳간을 빨리 채울 수 있었다. 둘째, 돈을 받고 관직을 팔아 국고를 채웠다. 아울러 세금을 많이 거두어 국고를 빨리 채우는 자들을 중용했다.

이런 상황인지라 백성들의 불만이 커질 수밖에 없었다. 국가에서는 상인들의 매점매석을 막아 물가를 안정시키려 했다. 하지만 그 정도로는 불만을 잠재울 수 없었다. 급기야 곳곳에서 농민 반란이 터졌다.

그러자 무제는 스스로 잘못을 꾸짖는 조서를 내렸다. 정복 전쟁과 토목 공사를 그만두고 직접 농사를 짓는 등 농업을 중시하고 백성의 생활 안정에 힘쓰겠다고 다짐하는 내용이었다. 나라 안은 안정을 되찾기 시작했지만, 한나라의 국력은 갈수록 쇠퇴했다.

유수가 다시 일으킨 후한

그 뒤 한나라는 무능한 황제가 잇따라 즉위하면서 외척이 권력을 틀어쥐고 나라를 쥐락펴락했다. 그에 따라 황제의 권위는 땅에 떨어졌고, 결국 외척인 왕망이 제14대 황제인 평제를 독살하고 한나라를 무너뜨렸다.

왕망은 8년에 스스로 황제 자리에 올라 '신'이라는 왕조를 열었다. 하지만 그는 나라를 다스릴 만한 재목이 못 되어 추진하는 정책마다 실패를 거듭했다.

백성들의 세금 부담은 갈수록 커졌고, 살기 어려워진 백성들이 곳곳에서 반란을 일으켰다. 농민 반란은 삽시간에 전국으로 번져 중국은 다시 전쟁의 소용돌이에 말려들었다.

23년에 왕망은 40만 대군을 동원해 반군을 진압하려 했다. 그러나 곤양성을 포위한 대군이 유방의 9대손인 유수에게 크게 패하면서 급격히 몰락했다.

유수는 25년에 부하들의 추대를 받아 황제 자리에 오른 뒤, 군사를 이끌고 수도인 장안을 점령했다. 혼란을 틈타 도망치려던 왕망은 부하의 손에 목숨을 잃었다. 광무제 유수는 전국의 반란군을 진압하여 중국을 다시 통일하였다. 광무제가 다시 세운 한나라를 왕망이 무너뜨린 한나라와 대비해 후한이라고 한다.

후한을 건국한 광무제 유수
왕망의 신을 멸망시키고 한을 재건했다.

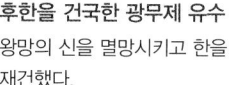

한나라, 중국 전통문화의 기틀 마련

한나라는 춘추 전국 시대에 여러 곳에서 다양하게 발달한 중국 문화를 하나로 종합해 중국 전통문화의 기틀을 마련했다. 중국의 전통 문자도 이때 자리를 잡았는데 '한자(漢字)'는 '한나라의 문자'라는 뜻이다.

또한 유가 사상을 국가의 통치 이념으로 삼고 유학에 대한 이해 정도에 따라 관리들을 선발하고 승진시키면서 유학은 모든 선비가 공부하는 학문의 기본이 되었다. 유학을 공부한 선비들 중에서 관리를 뽑았기 때문에 이때부터 선비가 관리가 되는 독특한 전통이 생겼다.

채륜이 발명한 제지술
송나라 때 송응성이 펴낸
『천공개물』 속 제지술의 다섯
공정이다.

　진나라 때 분서갱유로 수많은 유학 서적이 불탔다. 그래서 한나라 때의 유학은 불타서 사라진 각종 유학 서적을 되살리고 그 서적에 주석을 달아 뜻을 제대로 해석하는 훈고학이 유행했다. 유학 서적에 대한 표준 해석이 관리 선발 및 승진 시험의 주된 교재이자 모범 답안이었기 때문이다.

　한나라에서는 춘추 전국 시대와 진·한의 역사를 다룬 역사서를 만들었다. 역사를 통해 잘잘못을 가리고 다시는 같은 잘못을 저지르지 않으려는 뜻에서였다. 사마천의 『사기』, 반고의 『한서』가 대표적이다.

　한나라 때 발달한 과학 기술 중 가장 중요한 것은 채륜이 발명한 제지술이다. 이 기술로 만들어진 종이는 나뭇조각이나 댓조각에 글을 적던 목간과 죽간을 빠르게 대체했다. 종이로 만든 책은 같은 내용을 훨씬 적은 부피에 담을 수 있어 학문과 사상이 빠르게 발전할 수 있는 토대가 되었다.

외척과 환관, 호족들이 나라를 어지럽히고

철제 농기구와 소를 이용한 밭갈이가 중국 전역에 본격적으로 보급된 것도 한나라 때이다. 이에 따라 농업 생산이 크게 늘었는데, 다른 한편으로는 빈부차가 커지기도 했다. 곳곳에서 가난한 농민들의 땅을 사들이거나 빌려 준 돈 대신 담보로 잡았던 땅을 차지해 대토지를 소유하는 이들이 나타났다. 바로 지방 호족이다.

호족들은 빚을 빌미로 농민들을 노비로 삼아 부를 더욱 불리는 한편, 지역의 관리들과 결탁해 지역사회를 실질적으로 지배했다. 호족들은 유학을 공부해 관리가 되어 중앙 정치까지 주도했다.

후한은 2세기 초부터 외척과 환관들이 정치를 어지럽히면서 쇠퇴하기 시작하였다. 이 틈을 타 지방 호족들은 더욱 세력을 불리면서 온갖 횡포를 부렸고, 백성들의 불만은 갈수록 높아졌다.

이를 이용해 장각이라는 도사가 '태평도'라는 종교를 열고는 반란을 일으켰다. 태평도를 믿는 반란군은 머리에 누런 띠를 둘러 스스로를 구분했기에 '황건적'이라 불렸다.

중앙 정부에서는 황건적의 난을 진압할 힘이 없어 지방 호족들의 힘을 빌려야 했다. 황건적의 난을 진압하면서 유명해진 지방 호족들로는 원소, 원술, 동탁, 손견, 공손찬, 조조, 유비 등이 있다.

2세기 말에 외척과 환관들의 권력 다툼을 틈타 동탁이 군사를 이끌고 수도인 낙양에 들어와 황제를 멋대로 갈아치웠다. 이로써 한나라는 사실상 멸망했다. 그 뒤에 지방 호족들은 자신들이 거느리고 있는 사병들을 동원해 곳곳에서 전쟁을 벌였다. 특히 조조는

황제를 모신 것을 명분으로 삼아 세력을
크게 불렸고, 강남의 손권과 파촉의 유
비가 조조의 세력에 대항했다.

220년에 조조의 아들 조비가 한나라
의 마지막 황제 헌제에게서 황제 자리를
물려받아 위나라를 세우면서 한나라는
공식적으로 멸망했다. 위나라의 조비가
황제 자리에 오르자, 촉한의 유비와 오나
라의 손권도 황제 자리에 올라 위·촉·오 삼국이 대립하는 삼국
시대가 시작되었다.

삼국지연의도
명나라 소설가 나관중이
후한 말 삼국 시대 초 지방
호족들의 활약상을 소설화한
것이 『삼국지연의』이다.
그림은 조선 후기 채용신의
민화이다.

중국 진·한

주의 동천과 춘추 전국 시대
- 견융의 침입과 주의 동천 　기원전 770년
- 전쟁의 시대, 춘추 전국 시대
- 제자백가
  - 유가(공자)
  - 도가(노자와 장자)
  - 묵가(묵자)
  - 법가(상앙, 한비, 이사)

통일 제국 진
- 상앙의 개혁과 진의 대두
- 진 시황제의 중국 통일 　기원전 221년
- 중앙집권화
  - 군현제
  - 분서갱유
  - 토목공사 (만리장성, 아방궁, 여산릉)
- 진승과 오광의 난 → 중국 최초의 농민 반란
- 멸망 　기원전 206년

유방과 항우의 대결 유방의 승리

통일 제국 한
- 한 고조 — 군국제 ···· 법가(상앙, 한비, 이사)
- 한 무제
  - 유교를 통치 이념으로
  - 주변 민족 정벌
  - 비단길(장건)
- 문화
  - 한자, 유교 — 중국 전통문화의 기틀 마련

신 — 왕망

후한 ···· 유수

황건적의 준동과 외척, 환관의 갈등

멸망 　220년

10 비단길이 동서를 잇다

중앙아시아의 유목 민족 중 스키타이 인들은 카자흐 초원 지대에서 흑해 북부까지 다스리는 대제국을 건설했다. 또한 몽골 초원의 흉노는 중국 북부를 노리며 세력을 키웠다. 장건을 대월지와 오손으로 보내 흉노를 협공하려던 한 무제의 계획은 실패했지만 장건이 다녀온 비단길은 중앙아시아를 통해 중국과 서아시아, 인도, 유럽을 잇는 동서 문화 교류의 길이 되었다.

유목 민족의 고향, 중앙아시아

앞에서 보았듯이 고대 세계사의 지평을 바꾼 것은 유목 민족이다. 인더스 강으로 진출해 인더스 문명을 멸망시킨 아리아 인도, 아케메네스 왕조 페르시아 제국을 세운 페르시아 족도 모두 중앙아시아 초원 지대에서 살아가던 유목 민족이었다. 그리스 본토의 원주민들을 정복한 아카이아 인도, 아카이아 인들이 세운 미케네 문명을 멸망시킨 도리아 인도 사실은 중앙아시아에 살던 아리아 인의 한 갈래였다. 알렉산드로스 제국을 이룬 마케도니아 인은 두말할 필요도 없다. 세계 최초로 철 제련법을 발명한 히타이트 인도 중앙아시아에 살던 유목 민족이었다.

유목 민족은 왜 이토록 강한 걸까? 유목 민족의 고향 중앙아시아로 가 보자.

중앙아시아는 동쪽의 몽골 고원에서 서쪽의 흑해까지 이어지는 아시아 한가운데를 말한다. 여름은 덥고 겨울은 추운 대륙성 기후를 띠는 데다 바다로부터 수증기가 들어오지 않아 비가 별로 내리지 않는다. 따라서 사막과 초원이 많아 사람이 살기에는 좋지 않은 환경이다. 하지만 사람들은 초원을 떠돌면서 가축을 기르고, 지하수가 솟구쳐 나오는 오아시스에서 농사를 지으며 환경에 적응했다.

유목민은 가축을 먹일 풀을 찾아 끊임없이 이동한다. 유목민에게 풀이 자라는 목초지란 자신과 가족, 종족의 목숨 줄이다. 그래서 종종 목초지를 놓고 다른 종족과 목숨을 건 투쟁을 벌여야 한다. 이러한 투쟁이 유목민 개개인을 용맹한 전사로 단련시켰다.

유목민은 놓아기르는 가축을 돌봐야 하므로 어려서부터 말 타기를 배운다. 말 등에 찰싹 달라붙어 달리는 모습이 곡예를 보는 듯하다. 그뿐인가. 흔들리는 말 위에서 가축을 노리는 맹수나 외적에게 날리는 화살도 백발백중이다. 유목민 전사는 모두 말 타기와 활쏘기의 달인이다. 칼과 방패도 귀신처럼 잘 쓴다.

그러니 유목민 전사들이 하나로 묶이면 순식간에 강력한 유목 제국이 탄생한다. 중앙아시아 서쪽 끝자락 흑해와 카스피 해 사이의 코카서스 지방에서 활약한 스키타이와 동쪽 끝자락 몽골 고원에서 활약한 흉노가 대표적인 예이다.

유목민 전사들로 이루어진 **경기병대**는 예측을 뛰어넘는 기동성으로 적의 허를 찌른다. 중장보병들로 이루어진 튼튼한 방어 진영이 있어도 좌우익을 향해 비 오듯 쏟아지는 이들의 화살 공격은 방어 진영을 쉽게 흐트러뜨린다. 진영에 빈틈이 보이면 그 틈으로 경기병대가 돌진한다. 진영이 무너진 중장보병은 경기병대에게 손쉬운 먹잇감일 뿐이다.

최초의 유목 제국, 스키타이

중앙아시아 최초의 유목 제국은 스키타이이다. 아리아 인에 속하는 종족인 스키타이는 기원전 8세기부터 기원전 4세기까지 번성하다가 기원전 2세기에 사르마티아 인에 흡수되었다. 전성기에는 카자흐 초원 지대에서 카스피 해를 지나 흑해 북부까지 다스렸다.

스키타이는 인류 역사상 최초로 말 타기를 터득한 민족 가운데 하나이다. 그래서 용맹성과 말타기 솜씨로 다른 민족들에게 늘 경외의 대상이었다. 스키타이의 용맹한 경기병대는 유목민 전사들로 이루어졌으며 음식과 의복을

사르마티아 인(위)과 스키타이 인(아래)
1882년 독일에서 펴낸 『모든 민족의 복식』에 나온 그림이다.

빼고는 아무런 급료도 받지 않았다. 대신에 자신이 죽인 적의 머리를 베어 와 증거로 제시하면 전리품을 나누어 가질 수 있었다. 이러한 특성 때문에 모두가 스키타이 전사들을 두려워했다.

스키타이 전사들은 청동 투구에 쇠사슬 갑옷을 입고는 칼과 방패, 활로 무장했다. 한 필 이상의 개인용 전마를 가지고 있었는데, 부유한 사람들은 여러 마리를 소유했다. 스키타이 전사들이 좋아하는 말은 체구는 작지만 지구력이 뛰어난 몽골 조랑말이었다.

귀족이 죽으면 아내와 종, 많은 말을 함께 매장했다. 이러한 순장 풍습 때문에 이들의 무덤은 정교한 황금 세공품과 귀중품들로 가득 차 있다. 스키타이 문명은 정교한 황금 세공과 동물 모양 장식으로 유명한데 이러한 장식은 중앙아시아와 몽골, 만주, 우리나라에서도 많이 발굴된다.

스키타이는 한때 페르시아 서부에서 지중해 동부 연안 지방을 지나 이집트 경계 지역까지 영토를 넓히기도 했다. 그러나 메디아와의 전쟁에서 패해 코카서스 지방으로 쫓겨났다.

기원전 5세기부터 스키타이 왕족이 그리스 인과 결혼하는 경우가 늘었고, 그리스 문명에 동화되어 가면서 점점 힘이 약해져 기원전 2세기에 사르마티아 인에게 멸망했다.

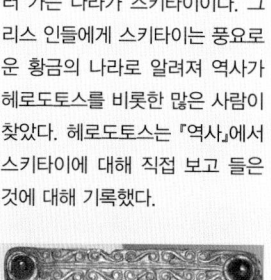

황금의 나라 스키타이

그리스 신화의 '이아손과 아르고 호의 모험'에서 황금 양털을 찾으러 가는 나라가 스키타이이다. 그리스 인들에게 스키타이는 풍요로운 황금의 나라로 알려져 역사가 헤로도토스를 비롯한 많은 사람이 찾았다. 헤로도토스는 『역사』에서 스키타이에 대해 직접 보고 들은 것에 대해 기록했다.

동물 모양 허리띠장식과 그리스 채색 도기에 그려진 그림
위의 황금 세공품 속 동물 모양 무늬는 중앙아시아와 몽골, 만주, 우리나라에도 큰 영향을 미쳤다. 아래 그림은 황금 양모를 펠리아스에게 건네는 이아손의 모습이다.

중국의 숨통을 조인 흉노

그다음으로 중앙아시아 초원 지대를 차지한 유목 제국은 몽골 고원에서 일어난 흉노이다. 디즈니 애니메이션 영화 〈뮬란〉에서 뮬란이 맞서 싸우는 북방 민족이 바로 흉노이다.

흉노는 선우라는 왕 밑에서 부족 연합을 이루어 기원전 4세기 말부터 후한 때인 1세기 말까지 5세기 동안 몽골 고원과 동투르키스탄 일대를 지배했다.

기원전 318년, 흉노는 중국 전국 시대의 제후국인 한·위·조와 함께 진을 공격한 뒤 중국 땅을 빈번히 침입했다. 그 뒤 중국의 여러 제후국은 흉노의 침입을 막기 위해 각각 성벽을 쌓았는데, 이것이 나중에 세계 최대의 건축물인 만리장성의 원형이 되었다. 만리장성은 중국인들이 흉노를 얼마나 두려워하였는지 보여 준다.

흉노는 진 시황제 때의 장군 몽염에게 격파당해 세력이 위축되기도 했으나, 두만 선우가 진 말기의 혼란을 틈타 다시 세력을 키웠다. 모돈 선우는 몽골 전 지역을 지배하고, 북중국 일대에 대한 침입을 재개했다.

중국을 다시 통일한 한 고조가 흉노 정벌에 나섰으나, 도리어 흉노에게 크게 패하여 흉노의 선우를 형으로 하는 형제의 맹약을 맺게 되었다. 그 후로는 해마다 많은 양의 비단·술·쌀 등을 공물로 바치는 동시에 선우에게 공주를 시집보내야 했다. 기원전 1세기 중엽에 호한야 선우에게 시집간 궁녀 왕소군 이야기는 매우 유명하다.

목란
〈뮬란〉은 늙은 아버지 대신 싸움터로 나간 남장 소녀 목란의 이야기로, 중국 북조의 민간 장편 서사시 「목란사」를 애니메이션화한 것이다.

이후 흉노는 서방 공략에 나서 동투르키스탄 일대의 오아시스 국가들을 모두 지배하고, 그 국가들에게 동서 교역의 안전을 지켜 주는 대가로 교역의 이익을 나눠 가졌다. 흉노는 한과의 화약을 무시하고 몇 번이나 한나라를 침입했다. 그럴 때마다 한은 굴욕적인 조건으로 화평 관계를 맺어야 했다. 힘에서 밀렸기 때문이다.

한 무제가 중앙아시아와 서남아시아의 대월지와 오손으로 장건을 두 차례나 보낸 것도 이들 나라와 손잡고 흉노를 격파하려는 뜻에서였다. 무제는 토벌대를 파견하는 한편, 서역의 여러 나라와 동맹 관계를 맺어 흉노를 동서 양방향에서 협공했다. 그런 노력으로 흉노의 세력을 약화시키기는 했지만, 한나라 역시 지나친 군비 지출로 국력이 피폐해졌다.

후한 때인 1세기에 흉노에서는 내분이 일어나 남북으로 분열했다. 남흉노는 후한에 귀순하여 중국 북방 경계 지역인 간쑤·산시

유럽을 침공한 훈 족
훈 족은 한족에 밀려 중앙아시아와 동유럽으로 이동한 흉노로 추정하고 있다.

(陝西)·산시(山西) 등지로 이주했다. 이들은 나중 5호 16국 시대에 이르러 전조·후조·북량·하 등을 세웠다. 북흉노는 선비·남흉노·후한의 잇단 공격에다 기근과 질병 등으로 세력이 약화되어 몽골 고원의 서쪽으로 옮겨 가기 시작했다. 이들은 2세기 후반경 키르기스 초원 지대로 이동했다.

흉노의 이동에 화들짝 놀란 러시아 남부와 동유럽의 게르만 족은 4세기 중엽부터 로마로 몰려들었다. 이를 '게르만 족의 대이동'이라 한다. 이들 게르만 족이 흉노에게 붙여 준 이름이 '훈 족'이다. 흉노는 6세기경에 사라지고 말았는데, 세력이 약해지면서 다른 민족에게 흡수되었으리라 추측한다.

동서 문물을 이어 준 비단길

중앙아시아 대부분이 사막과 초원으로 덮여 있기는 하지만, 농사를 지을 곳이 전혀 없는 것은 아니다. 세계의 지붕인 파미르 고원을 중심으로 쿤룬 산맥과 톈산 산맥 등이 뻗어 있는데, 산 정상의 만년설이 녹아 강을 이루어 사막과 초원 지대로 흘러들어 간다. 강물은 사막과 초원 지대의 모래흙으로 스며들어 지하수맥을 따라 흐르다가 지각의 약한 부분을 뚫고 솟구쳐 곳곳에다 오아시스를 만든다.

이들 강이나 오아시스 주변에는 '카나트'라는 지하 관개 수로가 건설되어 있다. 증발을 막기 위해 물을 이 수로를 통해 흘려보내 과일과 채소, 곡물 농사를 짓는다.

오아시스는 초원의 유목민들과 오아시스의 농경민들이 만나는 거대한 시장이다. 유목민들은 말린 고기나 발효 유제품, 가죽, 털 등을 가지고 나와 곡물이나 말린 과일, 말린 채소, 소금, 철과 바꾼다. 상업이 발달하면서 낙타 등에 물건을 싣고 오아시스와 오아시스를 오가며 장사하는 대상들도 생겨났다. 이들을 '카라반'이라 한다.

카라반들은 생활필수품만 취급하지는 않는다. 그것만으로는 이익이 많이 나지 않기 때문이다. 이익을 많이 남기려면 왕이나 귀족들이 좋아하는 값비싼 사치품을 취급해야 한다. 쉬운 일이 아니어서 그렇지 성공하기만 하면 어마어마한 돈을 벌 수 있다. 카라반들은 로마에서 생산된 멋진 유리잔이나 페르시아의 화려한 양탄자, 중국의 고급 비단과 도자기들을 낙타 등에 싣고 오아시스 도시들을 징검다리 삼아 오갔다. 그 길을 유럽 사람들은 '중국의 값비싼 비단을 로마까지 싣고 온 길'이라는 뜻에서 비단길, 즉 실크로드라고 불렀다.

후한 때인 1세기 말에는 반초가 서역 도호부의 장관이 되어 중앙아시아의 여러 오아시스 도시 국가를 복속시켰고, 한 걸음 더 나아가 부하 장수인 감영을 대진국(로마)으로 파견했다. 감영은 로마에는 가지 못했지만, 파르티아의 서쪽 국경인 페르시아 만까지 갔다 돌아왔다.

카나트
물의 증발을 막기 위해 만든 지하 관개 수로로, 카레즈·포가라라고도 한다. 기원전 2500년경에 이란에서 처음 발명했다. 중국 신장 웨이우얼 자치구의 오아시스 도시 투루판에는 1,000개 남짓한 카나트가 5,000킬로미터나 그물망처럼 퍼져 있다.

비단길을 통해 서역에서는 마늘, 목화, 참깨, 오이, 수박, 포도, 석류, 호두, 후추 따위 작물과 페르시아 양탄자, 페르시아 보석 세공품, 로만 글라스 등이 중국으로 건너왔다. 그리고 중국에서는 비단과 도자기, 제지술, 나침반, 화약, 활판인쇄술, 차, 국수 등이 건너갔다.

한편 인도의 불교, 페르시아의 조로아스터교, 서남아시아의 크리스트교와 이슬람교 등 세계적인 종교들도 이 길을 통해 아시아와 유럽 곳곳으로 퍼져 나갔다.

비단길

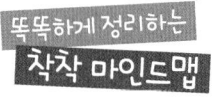
중앙아시아의
유목 민족

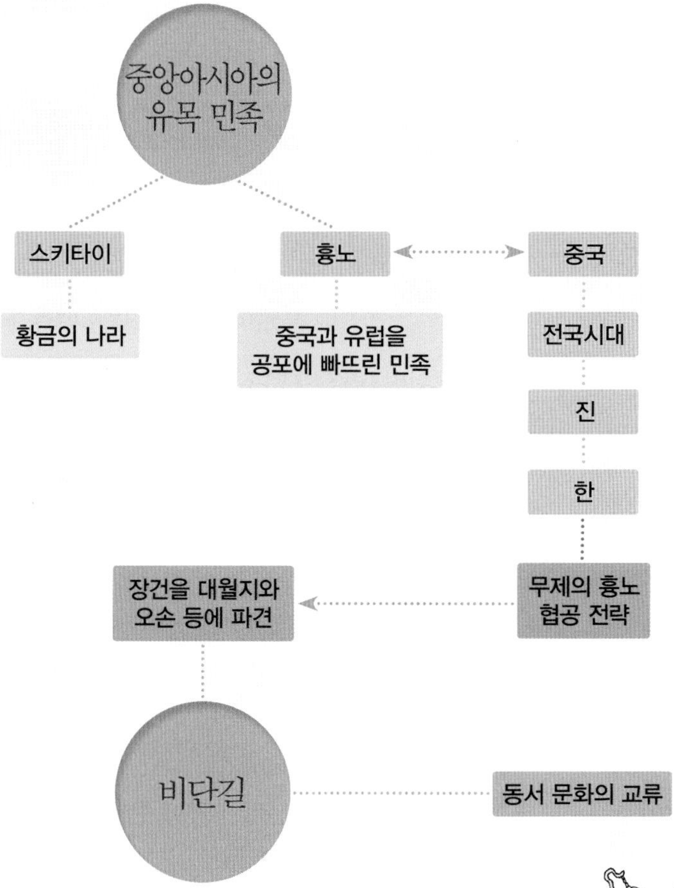

스키타이

황금의 나라

흉노

중국과 유럽을
공포에 빠뜨린 민족

중국

전국시대

진

한

무제의 흉노
협공 전략

장건을 대월지와
오손 등에 파견

비단길

동서 문화의 교류

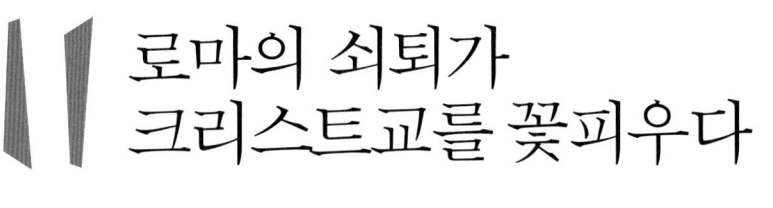

11 로마의 쇠퇴가 크리스트교를 꽃피우다

로마는 오현제 시대에 전성기를 맞았지만, 군인 황제 시대를 거치면서 쇠퇴하기 시작했다. 디오클레티아누스가 혼란을 수습하면서 제국의 중심을 오리엔트로 옮겼고, 콘스탄티누스 1세가 크리스트교를 공인하였다. 로마에서 크리스트교가 국교가 된 것은 로마가 쇠퇴하면서 사람들이 내세의 구원에 의지했기 때문이다.

오현제 시대 이후 내리막길에 접어든 로마

아우구스투스 이후 로마는 네로와 같은 폭군이 등장하기도 하였지만, 뛰어난 황제가 여럿 나오면서 2세기 말까지 번영을 누렸다. 특히 1세기 말부터 2세기 말까지 100년 남짓한 기간 동안 로마 제국에서는 다섯 황제가 빼어난 능력을 발휘해 전성기를 맞았다. 이 시기를 오현제 시대라고 한다.

트라야누스 황제 때까지 정복 전쟁을 통해 팽창을 거듭하던 로마 제국은 하드리아누스 황제 때부터는 수세로 돌아서게 되었다. 이 시기에는 파르티아가 로마 제국의 동쪽 국경을 자주 침범하면서 긴장이 높아졌다. 한때 트라야누스 황제가 파르티아를 원정해 수도 크테시폰을 점령하기도 했지만, 파르티아의 계속된 도전으로 로마 제국은 골머리를 앓았다.

오현제는 네르바(재위 96~98), 트라야누스(재위 98~117), 하드리아누스(재위 117~138), 안토니누스 피우스(재위 138~161), 마르쿠스 아우렐리우스(재위 161~180) 등 다섯 황제를 가리킨다. 이 시기에 로마 제국은 영토를 최대로 넓혔다. 제국은 굳건해졌고 방어 태세는 완벽했으며 속국들은 하나하나 속주로 바뀌었다.

하드리아누스 장벽
하드리아누스 때 잉글랜드에 쌓은 장성으로, 켈트 족의 노략질을 막기 위한 것이다. 하드리아누스 이후에 로마가 수세로 돌아섰음을 잘 보여 준다.

번영을 누리던 로마 제국은 2세기 말부터 쇠퇴하기 시작하였다. 오현제의 마지막 황제인 마르쿠스 아우렐리우스가 세상을 떠나고 나서이다. 오현제는 핏줄보다는 능력으로 후계자를 정했는데, 마르쿠스만 자기 아들 코모두스를 후계자로 삼았다.

코모두스는 폭군 네로에 버금갈 만큼 천박하고 잔인한 황제였다. 검투 시합 등 각종 놀이에 빠져 나랏일은 뒷전이었는데, 검투사로서 시합에 직접 참가해 피를 보기도 할 정도였다고 한다. 코모두스는 수도 로마의 이름을 '콜로니아 코모디아나(코모두스의 땅)'로 바꾸고, 원로원 의원들과 고관들을 멋대로 처형하는 등 횡포를 부리다가 192년에 암살당했다.

문제는 황제가 갑자기 암살당하는 바람에 후계자를 지정하지 못했다는 것이다. 속주에 주둔한 군대들이 저마다 자기들의 사령관인 총독을 황제 후보로 옹립했고, 이는 내란으로 이어졌다. 내란에서 이긴 세베루스가 황제 자리에 올랐는데, 그는 군대의 힘을 믿고 원로원을 짓누르며 나라를 멋대로 다스렸다.

이를 계기로 군대를 손아귀에 쥔 장군들은 저마다 황제가 되겠다고 나섰다. 군대 안에서 가장 큰 세력을 가진 장군이 황제가 되다 보니 다른 장군이 더 큰 힘을 가지면 황제를 몰아내는 일이 거듭되었다. 235년부터 284년까지 50년간 황제의 자리에 오른 이가 무려 26명이나

중계 무역으로 번성한 파르티아

기원전 250년경에 페르시아계 유목민인 파르니 족이 카스피 해 동쪽에서 페르시아 인들을 규합해 파르티아를 세웠다.

파르티아는 기원전 2세기 중엽에 셀레우코스 왕조가 쇠퇴하는 틈을 타 서쪽으로 영토를 넓혀 메소포타미아에서 인도에 이르는 제국을 이루었다. 이 지역은 중국의 한나라와 로마 제국, 인도 사이에 있어서 이들을 잇는 중계 무역으로 번성했다.

한때 동쪽의 박트리아나 서쪽의 로마 제국과 다투기도 했지만, 파르티아는 약 500년 동안 이 지역을 안정적으로 다스렸다. 페르시아 어와 페르시아 문자를 사용하고, 정복한 나라의 주민들을 관대하게 다스리는 등 페르시아 제국의 전통을 이었다.

잦은 왕권 다툼으로 인한 내분과 로마 제국과의 잦은 전쟁으로 국력이 소모되면서 2세기 이후에 쇠약해졌다. 224년에 반란을 일으킨 사산 가문을 막지 못해 2년 뒤인 226년에 멸망하고 말았다.

은제 뿔잔
파르티아의 화려한 금속 세공술을 보여 주는 유물이다.

되었을 정도로 정치적 혼란이 극심했다. 이러한 정치적 혼란은 로마를 멸망 직전의 위기로 몰아넣었다.

황제가 되려는 야심에 눈이 먼 속주 총독들은 군대의 지지를 얻으려고 온 힘을 다했다. 많은 돈을 뿌려서라도 군대의 환심을 사야 했다. 예나 지금이나 권력자들이 많은 돈을 버는 방법이란 단 하나, 그저 백성들을 쥐어짜는 것이다.

속주 총독들은 감당할 수 없을 정도로 무거운 세금을 매겨 백성들의 재산을 강탈했다. 심지어 10년 동안 낼 세금을 미리 당겨 냈더니, 이듬해 새 총독이 부임해 그다음 9년 동안 낼 세금을 미리 당겨 받는 경우까지 있었다. 2년간 19년 동안 낼 세금을 미리 내야 했으니 백성들은 어떤 상황이었겠는가. 당연히 죽지 못해 사는 지경이었다. 세금을 안 내면 어떻게 되었을까? 로마군에 끌려가 치도곤을 당하는 정도면 다행이고, 심지어는 노예로 팔려 나가기까지 했다.

황제 자리에 오르고 나면 이제 속주의 군인들만이 아니라 제국 전체의 군인들에게까지 환심을 사야 한다. 그렇지 않으면 다른 속주 총독들에게 황제 자리를 빼앗기고 비참한 죽임을 당하기 때문이다. 환심을 사는 방법은 더 많은 봉급을 안정적으로 주는 것이다. 군인 황제들은 그 돈을 어떻게 마련할까 고민하다 가장 손쉬운 방법을 택하고 말았다. 은화에 구리를 섞어 더 많은 은화를 주조한 것이다.

이 일은 로마 전체를 위기로 몰아넣었다. 당시 로마에서는 모든 상거래의 결제 수단이 은화였다. 그런데 구리를 섞자 은화의 가치

로마의 은화
아우구스투스 황제 때의 은화가 은 함량 100퍼센트였다면 네로 황제 때는 85퍼센트, 마르쿠스 아우렐리우스 황제 때는 75퍼센트, 코모두스 황제 때는 67퍼센트, 세베루스 황제 때는 50퍼센트 미만으로 줄어들었다. 그러던 것이 군인 황제 시대가 끝날 때쯤에는 0.2퍼센트까지 떨어졌다. 은화가 아니라 동화, 구리 동전으로 바뀐 것이다. 사진은 발레리아누스(재위 253~260) 때의 은화이다.

가 떨어지면서 물가가 살인적인 수준으로 올랐다. 은화를 받고 물건을 파는 것이 크게 손해 보는 일이 되었다. 상거래는 급격히 위축되었고, 로마의 경제는 점점 화폐 경제에서 현물 경제로 바뀌기 시작했다. 상거래가 물물교환의 형태로 급격히 후퇴하여, 민간에서는 곡물과 옷감 등이 화폐를 대신했다.

물가가 하늘 높은 줄 모르고 솟아오르면서 사람들의 생활이 급격히 악화되어 굶어 죽는 사람이 속출했다. 엎친 데 덮친 격으로 전염병까지 돌았다. 못 먹어서 건강이 나빠지고 면역력이 떨어진 사람들은 손도 써 보지 못하고 죽어 나갔다. 이 때문에 로마 제국의 인구가 크게 줄어들었다.

이 틈을 타 북방의 게르만 족과 동방의 사산 왕조 페르시아가 침략해 왔다. 251년에 게르만 족의 일파인 고트 족은 로마 제국의 북쪽 국경인 다뉴브 강을 돌파했다. 일진일퇴의 치열한 전투 끝에 데키우스 황제를 죽인 이들은 발칸 반도를 마구 헤집고 다니며 노략질을 했다.

로마 제국의 동쪽 국경 너머에서는 226년에 사산 왕조 페르시아가 파르티아를 멸망시켰다. 이들은 아케메네스 왕조 페르시아 제국의 부활을 내걸고는 260년에 로마 제국을 침략했다. 발레리아누스 황제는 사산 왕조 페르시아의 침략을 막기 위해 군대를 이끌고 동방 원정에 나섰다. 하지만 크게 패하고 황제인 자신마저 사로잡히고 말

제국의 영광을 되찾은 사산 왕조 페르시아

파르티아를 무너뜨린 사산 왕조는 새 왕조 창건의 명분으로 아케메네스 왕조의 부흥을 내걸었다. 그 결과 페르시아 제국의 전통이 부활했다. 페르시아 어를 공용어로 삼고, 조로아스터교를 국교로 정했다. 파르티아 말기에 흐트러졌던 지방에 대한 통제권을 강화하고자 총독을 파견하는 등 중앙 집권 체제를 강화했다.

사산 왕조 페르시아도 파르티아와 마찬가지로 중국과 로마, 인도를 잇는 중계 무역으로 번성했다. 건축과 공예가 발달했는데, 특히 금속 세공과 보석 세공 기술은 대단히 뛰어났다.

이후 사산 왕조는 동로마 제국(비잔티움 제국)과의 잦은 전쟁으로 국력 소모가 컸고, 이는 국가의 쇠퇴로 이어졌다. 651년, 아라비아 반도에서 시작된 이슬람 제국에게 멸망했다.

금 상감 은 접시
4세기경에 만들어진 작품으로, 사산 왕조 페르시아의 샤푸르 2세가 사냥하는 모습을 은 접시에 금 상감 기법으로 정교하게 가공했다.

왔다. 그는 페르시아 왕이 말 위에 오를 때 무릎 꿇고 발판 노릇을 하는 치욕을 겪었다. 페르시아 왕은 발레리아누스 황제가 죽자 시신을 성벽에 매달아 백성들에게 전시하는 만행을 저질렀다.

로마 인들은 절망의 구렁텅이에 빠져 허우적거렸지만, 로마 군대를 이끌던 장군들은 여전히 황제 자리를 놓고 치고받느라 정신이 없었다. 로마 인들은 이제 로마 제국이 살아남느냐 멸망하느냐의 갈림길에 서 있다는 것을 똑똑히 깨달았다.

사로잡힌 발레리아누스 황제
발레리아누스 황제는 사산 왕조 페르시아의 침략을 막기 위해 직접 군대를 이끌고 동방 원정에 나섰지만 크게 패해 사로잡혔다. 홀바인이 이 장면을 상상해 1521년에 그린 작품이다.

로마 제국은 왜 쇠퇴했을까

로마는 기원전 3세기 초에 제2차 포에니 전쟁에서 카르타고의 명장 한니발을 물리친 뒤, 지중해 세계와 오리엔트 세계의 패자로 군림했다. 당시 로마는 아무도 맞설 수 없는 절대 강자였다. 그런 로마가 3세기 중엽에 이르러 갑자기 쇠퇴한 것은 오랫동안 역사의 미스터리로 남아 있었다. 수많은 학자가 로마의 쇠퇴 원인을 놓고 갑론을박을 벌였고, 이 논쟁은 지금도 계속되고 있다.

로마는 왜 쇠퇴했을까?

앞에서 황제 자리를 놓고 장군들이 치고받으면서 정치적 혼란이 극심했다고 이야기했다. 과연 3세기 중엽의 정치적 혼란이 로마의 쇠퇴를 가져온 근본적인 원인일까? 그렇다면 정치적 혼란은 왜 일어났을까?

첫째, 로마에는 제위 계승법이 정해져 있지 않았다. 그래서 황제가 후계자를 정하지 않고 죽었을 경우 누가 뒤를 이어야 하는지가 명확하지 않았다. 황제가 되려는 사람이 둘 이상이고 그 세력이 서로 비슷하다면 남는 것은 단 하나, 내란밖에 없었다. 내란에서 승리해 자신이 황제 자격이 있다는 것을 증명하는 것은 지극히 비효율적인 방법이었다. 국력을 지속적으로 소모하게 하기 때문이다.

둘째, 제국 유지에 필요한 충성심이 부족했다. 제국이라는 하나의 울타리 안에 사는 운명 공동체라는 의식이 없는 한, 제국은 오랫동안 유지될 수 없다. 로마 제국은 바로 이 점에서 실패했다. 제국 안에 사는 사람들을 하나의 울타리로 묶지 못한 것이다.

제국 안에 사는 사람들은 신분에 따라 귀족·(기사)·평민·노예로 나뉘었을 뿐 아니라 거주지에 따라서도 로마 시민·동맹 시민·속주민으로 나뉘었다. 중요한 것은 거주지에 따라 권리와 의무가 다르다는 것이다. 로마 시민은 제국 내에서 가장 많은 복리를 누렸고, 동맹 시민은 권리와 의무가 조화를 이루었지만, 속주민은 권리는 거의 없이 무거운 세금만 떠안은 채 힘들고 고단하게 살아야 했다. 그래서 제국 인구의 대다수를 차지하는 속주민은 현실 정치에 아무 관심이 없었다. 그들뿐 아니라 동맹 시민과 로마 시민들도 정치 참여의 길이 가로막히면서 현실 정치에 점점 관심을 갖지 않게 되었다.

셋째, 제국 유지를 위협할 정도로 경제 체제에 심각한 문제가 있었다.

포에니 전쟁으로 평민이 몰락한 이후 로마의 번영을 지탱한 것은 두 가지였다. 하나는 정복 전쟁을 통한 약탈 경제요, 다른 하나는 노예제를 바탕으로 한 대농장이다. 이 둘은 수레의 두 바퀴처럼 서로 밀접한 관계를 맺고 있었다. 우선 정복 전쟁을 통해 적국의 재부와 토지, 주민을 전리품으로 약탈하는 약탈 경제는 대농장 경영에 필요한 노예의 공급원이기도 했다. 결국 노예제에 바탕을 둔 로마 경제가 제대로 굴러가려면 정복 전쟁이 필수라는 말이다.

그런데 로마는 2세기 초, 트라야누스 황제 때를 마지막으로 정복 전쟁을 통한 대외 팽창에서 철통 방어로 전략을 수정한다. 그 이상 팽창해 보았자 경영으로 얻는 이익보다 방어에 드는 비용이 훨씬 컸기 때문이다.

이제 노예를 대량으로 확보할 수 있는 길은 사라졌다. 가지고 있는 노예들을 알뜰살뜰 아끼고 불려야만 로마 경제의 근간인 대농장을 경영할 수 있다. 하지만 로마의 귀족들은 도통 노예를 아낄 줄 몰랐다. 당장의 이익을 위해 노예들을 혹사시켰기에, 잘 먹지도 못하면서 힘든 노동에 시달리던 노예들은 금방 죽었다. 기분에 따라 노예들을 괴롭혔고 심지어는 죽이기도 했다. 대농장을 경영하기에는 갈수록 노예가 모자랐다. 그렇다고 부족한 노예 노동력을 보충하기 위해 기술 혁신에 관심을 둔 귀족

빵과 서커스

농촌의 몰락한 평민들이 로마로 몰려들면서 로마는 인구 100만이 넘는 세계 최대의 도시가 되었다. 문제는 이들이 별다른 직업도 재산도 없는 프롤레타리아트(무산 시민)라는 것이다. 황제와 정부는 이 무산 시민들이 불만을 갖지 않도록 세계 최고 수준의 복리를 제공했다. 매일 먹을 음식을 무상으로 나눠 주었고, 공중목욕탕이나 신전을 개방하여 공중 보건에 힘썼으며, 콜로세움(원형 경기장)에서 검투 시합이나 곡예 따위를 자주 열고 무상으로 관람하게 했다. 이러한 정책은 속주민들의 세금 부담을 가중시키는 부작용을 낳았다. 그러나 다른 한편으로는 로마 시민들이 현실 정치에 관심을 갖지 않도록 하여 체제를 안정시키는 데 이바지했다.
2세기 초반에 활약한 로마 시인 유베날리스는 이를 '빵과 서커스' 라고 비꼬았는데, 오늘날의 3S 정책과 비슷하다.

크리스트교 순교자들의 마지막 기도
로마는 사람들을 원형 경기장에 모아 놓고 사자를 풀어 크리스트교도들을 물어뜯게 하였다. 이는 사람들에게 자극적인 장면을 보여 주는 전형적인 '빵과 서커스' 정책이었다.

도 없었다. 기술에 관심을 가지면 교양 없고 천박한 사람이라는 분위기가 있었기 때문이다.

번영을 지탱하는 두 바퀴가 모두 고장 났으니 로마의 쇠퇴는 불을 보듯 훤했다. 3세기의 위기는 로마의 멸망을 예고하는 듯했다. 특단의 대책이 필요한 때였다.

디오클레티아누스의 개혁

이러한 위기에서 로마를 되살린 이가 3세기 말의 디오클레티아누스 황제로, 군인 황제 시대의 마지막 황제이다. 그는 어떠한 대책으로 위기를 극복했을까?

첫째, 군대와 행정 조직을 나누어 국가에서 감당해야 하는 군대의 비중을 줄였다. 이에 따라 행정 업무가 전문화되면서 관료들이 크게 늘었다.

둘째, 동료인 막시미아누스를 공동 황제로 임명하고 서부를 맡겨 권력 기반을 다졌다. 나중에는 각각의 황제 밑에 두 명의 부황제를 두어 제위 계승을 예측할 수 있도록 해 정치를 안정시켰다.

셋째, 무너져 내리는 경제를 되살리기 위해 개혁 조치를 취했다. 천문학적인 물가 상승으로 상거래가 급격하게 위축되는 것을 막기 위해 금화와 은화, 동화에다 작은 동전까지 새로 주조해 화폐의 가치를 안정시켰다. 물가 안정을 위해 암시장 상인들을 단속해 무거운 벌금을 물렸고, 주요 물품의 최고 가격을 정해 이를

디오클레티아누스 황제
정치적 혼란을 수습한 뒤 제국의 중심을 오리엔트로 옮겼다.

위반하면 최고 사형까지 선고했다.

디오클레티아누스는 제국을 유지하는 데 꼭 필요한 일들이 차질을 빚지 않도록 사람들의 이주나 이직을 아예 법으로 금지하기까지 했다. 이 때문에 농민들은 농촌을 떠날 수 없었고, 도시의 장인들도 직업을 바꿀 수 없었다.

디오클레티아누스의 조치 덕에 부유한 귀족들은 노예가 부족해 더 경영할 수 없었던 대농장을 해체했다. 그리고 그 땅을 농민들에게 나누어 맡기면서 고율의 소작료를 받을 수 있게 되었다. 법으로 이주가 금지된 소작 농민들은 귀족들의 땅에 붙잡혀 노예나 다름없는 처지로 굴러떨어져 사실상의 농노가 되었다. 바야흐로 로마 제국 경제의 근간이 소작제(콜로나투스)로 바뀐 것이다.

디오클레티아누스 황제 궁전
디오클레티아누스는 소아시아 반도의 니코메디아(지금의 터키 이즈미트 지방)에 황궁을 건설했다.

넷째, 그동안 세금을 내지 않던 이탈리아에도 세금을 매기는 등 조세 제도를 개혁해 재정을 확충했다. 재정이 이렇게 늘어나면서 관료들도 증가했다. 또한 소작지와 소작 농민을 한데 묶어 이들에게 토지세와 인두세를 거두었다. 이는 소작 농민들을 귀족들의 땅에 붙잡힌 사실상의 농노로 만드는 소작제를 뒷받침했다.

디오클레티아누스의 개혁으로 로마는 되살아났다. 하지만 되살린 로마는 이전의 로마가 아니었다. 디오클레티아누스는 이전의 군인 황제들과 달리 침대에서 평온하게 죽음을 맞이하고 싶었다. 그러려면 자신의 정책에 사사건건 시비를 거는 로마보다는 자신을 신처럼 우러러보는 동방에 있는 것이 나았다. 디오클레티아누스는 소아시아 반도의 니코메디아에 궁전을 짓고 동방의 전제 군주들처럼 로마를 다스렸다.

이제 로마는 100만 명 이상이 무위도식하면서 국가 재정을 축내는 애물단지이자 명목상의 수도로만 남았다. 디오클레티아누스 황제 이후의 모든 황제는 제국의 뿌리를 동방에 튼튼히 내리는 일에 온 힘을 기울였다.

크리스트교를 공인한 콘스탄티누스 1세

디오클레티아누스는 305년에 공동 황제인 막시미아누스와 함께 황제의 자리에서 물러났고, 네 명의 부황제 중 두 명이 공동 황제가되었다. 얼마 뒤 내란이 일어났고, 네 명의 부황제 중 하나의 아들인 콘스탄티누스 1세와 리키니우스 연합이 승리해 312년에 공동 황제가 되었다. 콘스탄티누스 1세가 서부를, 리키니우스가 동부를 다스렸다. 그러다가 324년에 콘스탄티누스 1세가 리키니우스를 제압하고 로마 전체를 다스렸다.

콘스탄티누스 1세는 크리스트교로 개종해 평생 독실한 크리스트교도로 살았으며, 313년에 밀라노 칙령을 발표해 크리스트교를 공인했다.

팔레스타인에 살던 헤브라이 인들은 아케메네스 왕조 페르시아 제국, 알렉산드로스 제국, 로마 등 강대국의 지배 속에서도 자신들을 고난에서 구원할 구세주(메시아)의 출현을 고대하며 유일신 야훼에 대한 신앙을 버리지 않고 있었다. 로마의 지배를 받던 1세기 초에 예수가 등장하여, 자신이 야훼의 아들로 세상을 구원할 구세주임을 주장하였다.

헤브라이 인들은 구세주 예수가 로마 지배를 끝내고 자신들을 해방해 주기를 바랐다. 하지만 예수는 기대와 달리 로마에 저항하기보다는 타락한 종교 지도자들을 비판하고 형식주의와 율법주의를 배격하며 사랑과 평등, 인간애를 가르치는 데 힘을 쏟았다. 이 때문에 헤브라이 인 종교 지도자들은 예수를 로마 제국의 반역자로 몰아 십자가에 못 박혀 죽게 했다.

예수가 죽은 뒤, 제자들이 예수의 가르침을 각지에 전파하면서 크리스트교가 만들어졌다. 크리스트교는 로마의 종교와 황제 숭배를 거부하고 유일신 신앙을 지켰기 때문에 로마로부터 박해를 받았다. 하지만 민족과 신분을 초월한 신의 사랑을 가르치면서 교세가 크게 늘어났고, 콘스탄티누스 1세가 밀라노 칙령을 발표하면

콘스탄티누스 1세
밀라노 칙령으로 크리스트교를 공인하고 콘스탄티노플을 건설했다.

밀라노 칙령은 콘스탄티누스 1세가 공동 황제인 리키니우스를 설득해 만든 것이다. 크리스트교도에 대한 관용을 확대하고, 크리스트교도에게서 몰수한 개인 및 공동 재산을 되돌려 준다는 내용을 담고 있다.

하기아소피아
콘스탄티누스 1세가 수도인
콘스탄티노플에 짓기 시작해
아들인 콘스탄티누스 2세 때
완성했다. 이후 폭동으로
불에 타 파괴되었는데
유스티니아누스 1세가 다시
세웠다. 1453년에 오스만
제국이 콘스탄티노플을 점령한
뒤 이슬람교 모스크로 바뀌었다.

서 포교의 자유를 획득했다.

이때 이미 크리스트교는 대중적인 종교로 로마에서 깊게 뿌리를 내리고 있었다. 만약 크리스트교가 대중에 뿌리내리지 못했다면 콘스탄티누스 1세일지라도 함부로 공인하지는 못했을 것이다. 예수가 죽은 지 불과 300년 만에 크리스트교가 로마에 뿌리를 내릴 수 있었던 원인은 과연 무엇일까?

크리스트교가 교세를 폭발적으로 키우게 된 것은 3세기 중엽의 일이다. 군인 황제 시대의 정치적 혼란이 로마의 위기를 부채질하던 시대와 정확하게 일치한다.

크리스트교는 속주의 농민이나 어부, 목수, 장인 등 낮은 신분의 사람들에게서 열렬한 환영을 받았다. 그런데 3세기 중엽이 되자 동맹 시민이나 로마 시민은 물론, 귀족들에게까지 선교와 개종이 이뤄졌다. 신분이 낮은 사람들이야 크리스트교가 낮은 자들이

성묘교회
콘스탄티누스 1세의 어머니 헬레나가 325년에 예루살렘으로 성지 순례를 갔을 때 예수가 죽어 묻히고 부활한 무덤을 발견하자, 콘스탄티누스 1세가 물자와 노동력을 무제한 지원해 그 자리에 지은 교회이다.

높이 대우받을 것이라고 약속했기 때문이라지만, 신분이 높은 사람들까지 관심을 갖게 된 것은 무슨 까닭일까? 이는 당시의 사회 분위기와 깊은 관계가 있다. 군인 황제 시대의 정치적 혼란이 경제적 퇴보와 궁핍을 낳았고, 이것이 현재의 절망스러운 삶 대신 내세의 행복한 삶에 한 가닥 실낱같은 희망을 걸어 보게 한 것이다. 다시 말해 로마의 암울한 앞날이 크리스트교를 폭발적으로 성장시킨 것이다.

밀라노 칙령을 발표한 콘스탄티누스 1세는 보스포루스 해협 끝자락에 있던 비잔티움을 재건하고 확장해 새 수도로 삼았다. 콘스탄티누스 1세가 새 수도를 크리스트교의 중심 도시로 삼았기에 그의 이름을 따서 도시명도 콘스탄티노플로 바뀌었다. 콘스탄티노플은 이후에도 1,000년이 넘도록 로마의 수도로서 역할을 했다.

서로마 제국 멸망

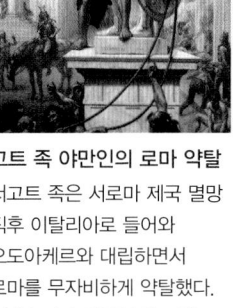

고트 족 야만인의 로마 약탈
서고트 족은 서로마 제국 멸망 직후 이탈리아로 들어와 오도아케르와 대립하면서 로마를 무자비하게 약탈했다. 실베스터가 1890년에 그린 그림이다.

크리스트교는 392년에 테오도시우스 황제가 국교로 선포하면서 유럽 인의 종교, 유럽 문화의 원류로 발전했다. 하지만 크리스트교가 발전한 것과 달리 로마 제국은 점점 더 쇠락해 갔다. 395년에 테오도시우스 황제가 죽으면서 로마 제국은 동로마 제국(비잔티움 제국)과 서로마 제국으로 분열되었다.

그즈음, 중앙아시아의 킵차크 초원 지대에 살던 훈 족이 서쪽으로 이동하기 시작했다. 이를 피하고자 게르만계의 여러 부족이 생활 터전을 로마 제국의 영토로 옮겼다. 앞서 언급했듯이 '게르만

족의 대이동'이다.

　게르만계의 여러 부족이 잇따라 이동하면서 로마의 국경은 사실상 무너져 내렸다. 결국 서로마 제국은 476년 게르만 족 용병 대장 오도아케르에게 멸망했다. 하지만 동로마 제국은 이후에도 1,000년 동안 지속되었다.

고대 로마의 쇠퇴와 크리스트교

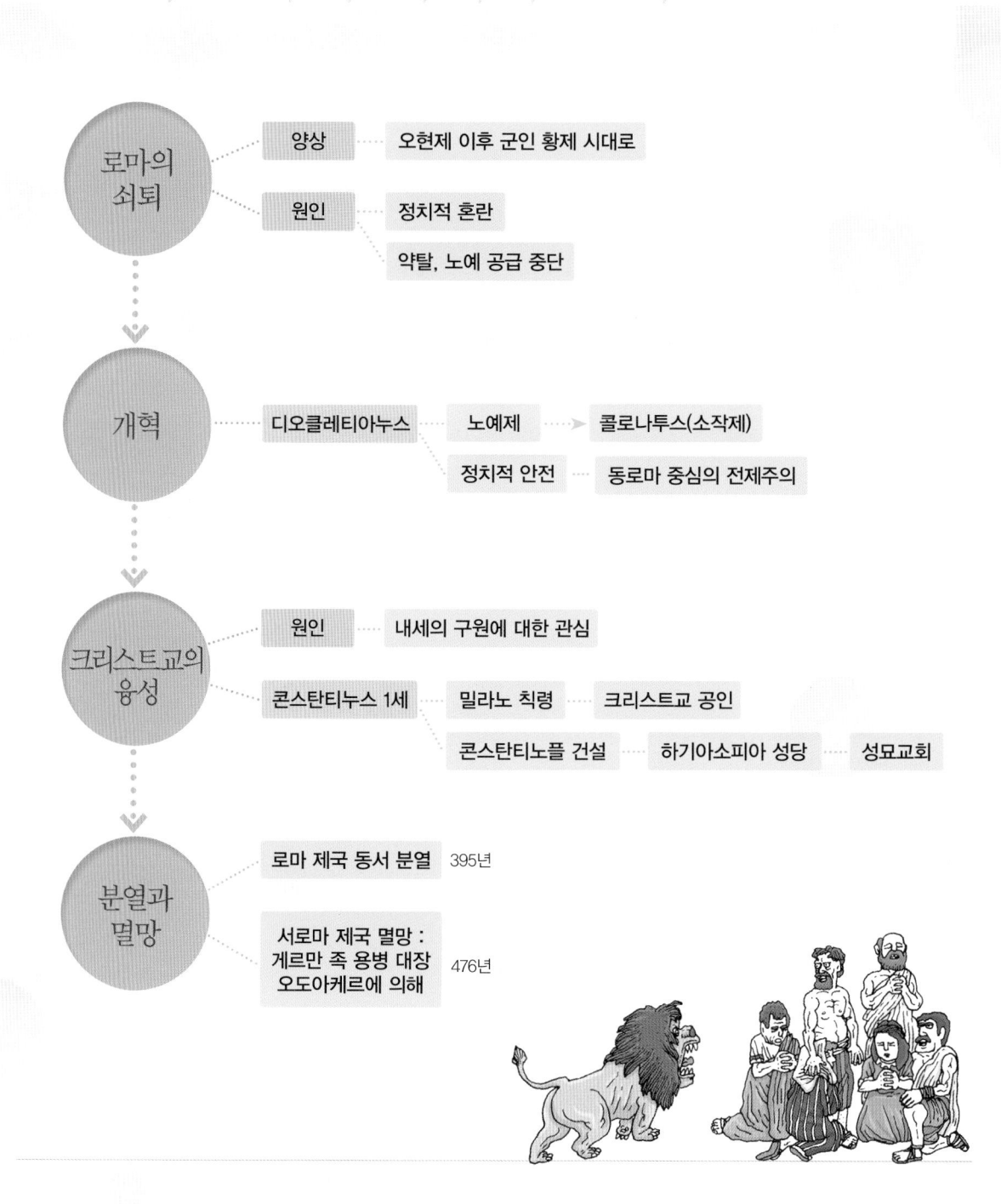

로마의 쇠퇴
- 양상 ····· 오현제 이후 군인 황제 시대로
- 원인 ····· 정치적 혼란
  - 약탈, 노예 공급 중단

개혁
- 디오클레티아누스
  - 노예제 ➞ 콜로나투스(소작제)
  - 정치적 안전 ➞ 동로마 중심의 전제주의

크리스트교의 융성
- 원인 ····· 내세의 구원에 대한 관심
- 콘스탄티누스 1세
  - 밀라노 칙령 ➞ 크리스트교 공인
  - 콘스탄티노플 건설 ➞ 하기아소피아 성당 ➞ 성묘교회

분열과 멸망
- 로마 제국 동서 분열 ····· 395년
- 서로마 제국 멸망 : 게르만 족 용병 대장 오도아케르에 의해 ····· 476년

이미지 제공

24 Didier Descouens · wikimedia, Thomas Roche · wikimedia, 120 · wikimedia, Laténium · wikimedia 26 Jeekc · wikimedia
30 Jordiferrer · wikimedia, Museo de Altamira y D. Rodíguez · wikimedia 31 Vincent Mourre / Inrap · wikimedia 43 Sinopitt · wikimedia
53 NASA, User:Bluemoose · wikimedia 54 Michael Lubinski · wikimedia 55 Mbzt · wikimedia, Deror avi · wikimedia 56 Mbzt · wikimedia
57 Ricardo Liberato · wikimedia 58 Wellcome Images · wikimedia, Thutmoselll · wikimedia
62 Rama · wikimedia, Arkadiy Etumyan · wikimedia, ddenisen (D. Denisenkov) · wikimedia 64 Zereshk · wikimedia 67 Ismoon · wikimedia
68 Saqib Qayyum · wikimedia 71 Mamoon Mengal · wikimedia 72 Leruswing · wikimedia 73 PHGCOM · wikimedia, Prof, Gary Lee Todd · wikimedia
74 Chensiyuan · wikimedia 76 Art Poskanzer · wikimedia 77 BabelStone · wikimedia, Chez Cåsver · wikimedia 82 Codex · wikimedia
85 AlMare · wikimedia, Pinpin · wikimedia 87 Tiu Fraili · wikimedia 88 Andreas Trepte · wikimedia 90 NASA 91 JarekPT · wikimedia, Qwqchris · wikimedia
95 Bargeld · wikimedia 98 G.dallorto · wikimedia 99 Mbmrock · wikimedia 102 Jastrow · wikimedia 112 Antonietti, J.P.A. (Fotograaf) · wikimedia
113 Ggia · wikimedia 117 de:Benutzer:Ticinese · wikimedia 121 Galilea · wikimedia 128 Jean–Pol GRANDMONT · wikimedia
134 Luis García (Zaqarbal) · wikimedia 138 Effeietsanders · wikimedia 150 आशीष भटनागर · wikimedia 152 mself · wikimedia
153 Liné1 · wikimedia, Chaithanya.krishnan · wikimedia 156 sailko · wikimedia 160 MatthiasKabel · wikimedia 161 Lutatius · wikimedia
164 cgb.fr · wikimedia 168 wikimedia 171 Till.niermann · wikimedia, MM · wikimedia, Steve Cadman · wikimedia 183 Dennis Jarvis · wikimedia
199 Urek Meniashvili · wikimedia 203 Pafnutius · wikimedia 207 Nilfanion · wikimedia 209 CNG · wikimedia
214 Giovanni Dall'Orto · wikimedia 217 Jean–Pol GRANDMONT · wikimedia 220 דרא ילאי · wikimedia

＊ 이 책에 사용된 이미지는 저작권자의 허락을 받은 것입니다. 저작권자와 초상권자를 찾지 못한 경우는 연락이 닿는 대로 허락을 받겠습니다.

끄덕끄덕 세계사
1 고대 제국의 흥망

1판 1쇄 펴냄 2015년 2월 16일
1판 6쇄 펴냄 2022년 3월 29일

지은이 서경석
펴낸이 김정호
펴낸곳 아카넷주니어

책임편집 박수용
교정 공순례
디자인 새와나무
본문 삽화 김수박
지도 박현철

마케팅 나영균
제작관리 박정은

등록 2006년 11월 22일(제406-2006-000184호)
주소 10881 경기도 파주시 회동길 445-3 2층
전화 031-955-9511(편집) 031-955-9514(주문) **팩스** 031-955-9519
전자우편 editor@acanet.co.kr **홈페이지** www.acanet.co.kr

ⓒ 서경석, 2015

ISBN 978-89-97296-47-7 44900
ISBN 978-89-97296-46-0 44900 (세트)

＊ 아카넷주니어는 학술, 고전 전문 출판사인 아카넷의 어린이·청소년 브랜드입니다.
＊ 책값은 뒤표지에 있습니다.